基于消错理论的图书借阅信息消错研究

尤妙娜 著

RESEARCH ON ERROR ELIMINATION OF LENDING INFORMATION BASED ON ERROR ELIMINATION THEORY

企业管理出版社
ENTERPRISE MANAGEMENT PUBLISHING HOUSE

图书在版编目（CIP）数据

基于消错理论的图书借阅信息消错研究 / 尤妙娜著. -- 北京：企业管理出版社，2022.7

ISBN 978-7-5164-2643-2

Ⅰ.①基… Ⅱ.①尤… Ⅲ.借阅—信息管理—研究 Ⅳ.①G252

中国版本图书馆CIP数据核字（2022）第105335号

书　　名：基于消错理论的图书借阅信息消错研究
书　　号：ISBN 978-7-5164-2643-2
作　　者：尤妙娜
责任编辑：张　羿
出版发行：企业管理出版社
经　　销：新华书店
地　　址：北京市海淀区紫竹院南路17号　　**邮　　编**：100048
网　　址：http://www.emph.cn　　**电子信箱**：26814134 @qq.com
电　　话：编辑部（010）68456991　发行部（010）68701816
印　　刷：北京虎彩文化传播有限公司
版　　次：2022年7月第1版
印　　次：2022年7月第1次印刷
开　　本：710mm × 1000mm　1/16
印　　张：10.25
字　　数：120千字
定　　价：58.00元

前言

图书馆自助借阅系统的出现改变了过去一直依靠管理员人工辅助完成的图书借还工作，使更多的国内图书馆和读者有机会享受到图书馆自助服务带来的便捷性和人性化，帮助读者找到学习的乐趣。目前图书馆的自助服务正处于起步阶段，自助借阅系统在技术上还存在很大的改善空间。读者在自助借还书时，如操作不当或者图书条形码被消磁或充磁，都有可能会使得借还书操作不成功。

本书以图书馆自助借阅系统作为研究对象，通过调查及分析图书馆自助借阅系统的构造原理，测试其在运行中可能会出现的各种错误，特别是在读者自助借阅服务中可能出现的图书信息读取错误，例如，当书本通过借阅系统的磁条感应区时，可能出现磁条感应不准确，导致两本（或三本）书当作一本出借的错误现象。对此，本书运用消错学的理论知识进行探讨、分析，并建立图书馆自助借阅系统的错误对象系统的消错模型，然后利用相似、增加、分解、置换和毁灭等消错方法对错误进行消除；从技术管理的角度，通过研究图书馆自助借阅系统的组成操作原理，进而分析自助借阅系统的错误风险及其影响、自助借阅系统信息读取错误源、自助借阅系统中出现的错误障碍以及自助借阅系统中出现的错误效应。旨在通过运用数学的方法来研究错误的量化、采用逻辑的方法来研究错误之间转化的关系，为图书馆自助服务提供一些有力的技术保障。本书的研究结果表明，当错误主要发生在自助借阅系统的扫描图形码信息错误时，可以通过额定每本书的条形码磁通量来减少和避免消磁错误。

消错学作为一门新兴的智能基础学科，是我国学者郭开仲教授首创的理论，但由于它还处于初步发展阶段，在应用方面少有涉及。本书的创新之处在于运用消错学理论中的消错方法于图书馆自助借阅系统中，从理论的角度阐述了具体操作系统中的错误，并运用消错学的相关方法对错误进行减免或消除，这是一个大胆的尝试，还需要更深入细致的研究，从而能够将图书馆自助系统中可能出现的错误完全消除，使其准确无误地运行。而对于其他设备系统出现问题时应用消错理论进行消错的研究，也是今后工作努力的方向。

本书是湛江科技学院特色专业项目PPJH2021009、ZLGC2019001的研究成果。笔者在撰写过程中，参考了相关著作、研究资料，并得到了相关各方特别是郭开仲教授的指导和帮助，使本书得以顺利出版，谨此致谢！

目录

第一章 绪论

第二章　自助图书馆发展概述

第五章 自助借阅系统的信息错误

第一章

绪　论

第一节　选题的背景和意义

一、研究背景

自助借还书系统就是允许读者在图书馆内利用机器设备自行借阅或归还图书馆的文献资料，而不需要经过馆员手工作业的一种自助式服务方式。

1974 年，第一部图书自助借还机出现在美国德州大学达拉斯分校，但由于本身设计存在缺陷，并不是很成功。随后，美国 3M 公司在澳大利亚西悉尼大学图书馆开展推出图书自助借还机测试，并于 1992 年得到美国爱荷华州图书馆及密苏里大学图书馆的支持进行测试，对缺陷进行修改后开发出更适合的作业系统，使得自助借还书系统在 20 世纪 90 年代成为图书馆的新宠。目前，在美国、澳大利亚、英国等国家和地区有许多图书馆都陆续使用了自助借还书系统。近年来，我国也有一些图书馆使用了自助借还书系统，就图书馆的类型来看，大学图书馆使用较多，其次是公共图书馆。

随着计算机技术、通信技术的飞速发展，各大图书馆纷纷通过对图书馆管理方式进行不断的创新来提高其管理效率。通过 10 多年的努力，逐渐完成从传统型图书馆向数字型图书馆的转变，基本取消了效率低下的手工借阅图书的方式，实现了条形码信息录入与磁条报警系统相结合的图书馆管理方式。这种管理方式简化了借阅手续并提高了效率，成为目前运用最为广泛的图书馆管理方式。

自助服务作为图书馆一项新兴的、具有强大生命力的服务模式，正逐渐受到广大图书馆的青睐，并推广使用。自助服务主要分为馆内自助服务和网络自助服务两种形式，服务的内容包括自助借还书、自助复印、网上借阅等，实现自助借还书是其中最基本的也是最主要的一个内容。目前，一些图书馆相继使用了自助借还书系统。

长期以来，国内大多数图书馆的图书借还工作一直依靠管理员的人工辅助来完成。而图书馆自助服务有望在很大程度上改变这一状况，从而使更多的国内图书馆和读者有机会享受到图书馆自助服务带来的便捷性和人性化，帮助读者找到学习的乐趣。今后，在更多的图书馆，借还书将像在银行ATM机上操作一样简便、快捷。通过自助借还书系统，读者自己就可以将原本需要管理员完成的借书、登记、充消磁等工作一并完成，图书馆自助借还书系统给读者带来了革命性的体验。

馆员或读者只要手持读取器从书架前走过去，就可以从浩如烟海的图书和文件中，轻轻松松地找到所需要的资料，这些图书馆自助服务技术可以让图书馆的管理工作更加自动化，使工作人员从繁重的体力劳动中解放出来，为读者提供更加贴心的个性化的服务。一方面，目前国内外很多图书馆已经或正在进行业务流程重组，并已初见成效。国内的如清华大学图书馆对期刊部及信息咨询部的机构改组和工作重组，上海图书馆新馆按照“结构优化，布局合理，精干高效”原则设立的以读者为中心的一条龙管理模式，北京大学图书馆编目业务流程重组，等等。国外从20世纪90年代就开始了图书馆业务流程重组的研究，并有越来越多的图书馆付诸了实践。例如美国耶鲁大学图书馆技术部门的重组，美国西东大学图书馆专业馆员的矩阵结构，美国宾夕法尼亚州立大学图书馆采访部的机构重组，康奈尔大学图书馆技术部门的重组，等等，均产生了一定的影响。另一方面，图书馆自助服务管理系统能够为我国图书馆自动化、信息化、现代化和安全保障问题提供一个有效的解决方案，并为读者带来一个自由、方便、快捷的新阅读体验。

图书馆自助服务过程中，读者只要将读者证和借还图书按屏幕提示进行条形码扫描和充消磁，十几秒钟便可完成借还书的整个过程。由于全过程是由读者自己完成，极大地保护了读者的隐私，降低了读者排队等候时间，同时帮助图书馆分散了读者借还书密度。由于不受工作时间的限制，读者可以全天 24 小时随时到图书馆借还图书，图书馆的自动化程度及利用率也得到了极大的提高，以人为本的服务理念得到了最为充分的体现。

二、研究意义

自助服务是读者在一个开放的环境下，直接面对信息资源，利用自己的思维方式处理信息。这一过程有助于读者发现自己的潜在需求。而帮助读者发掘潜在信息，提高其检索效率，将使图书馆的资源价值得到更大体现。

自助服务是以读者为中心、满足读者个性需求的一种读者自我服务模式。它改变了原先由工作人员包办图书馆服务的传统做法，将一些图书馆的服务项目和工作内容交由读者本人在指定的管理区域、活动范围内自行完成，同时借助于图书馆主页，利用计算机、网络等现代化的手段，由读者根据自己的兴趣爱好、需求特点、时间安排自行利用图书馆的各种资源，完成文献查询、收集、鉴别、传递和利用。

1. 自助服务的优势

（1）信息资源合理配置。

自助服务的范围不断扩大，主要应归结为图书馆读者环境的变化。自助服务将图书馆的工作由以藏书为中心、以馆员为中心转移到以读者为中心、以用户为中心。随着图书馆从印刷型图书馆到数字化图书馆转变的深入、随着图书馆服务的读者使用计算机和电子存储设备等新信息技术能力的增加、随着用户对图书馆信息资源的了解和掌握程度不断提高、随着知识的细化，用户不仅需要“每一读者均有其书”，且是有效用的书，而自助服务可以突破图书馆员的专业局限，在最短的时间里找到符合用户需求的信息。

（2）信息资源高效利用。

在使用图书馆的电子目录成为主流、而印刷型的目录只能作为图书馆有效服务的补充的今天，过去制定的服务规则、采取的服务方式已难以提高图书馆的使用率，图书馆服务方式从他助到自助的改革势在必行。

自助服务把许多原来由图书馆馆员承担的工作下放到了用户手中，使图书馆的人力支出相应地减少，图书馆的成本随之降低。目前有许多图书馆将用户最常提出的问题以电子文本的方式放在图书馆的主页上，对于一些相对简单、可以一目了然的问题，用户自己上网便能即学即会，图书馆馆员则可以将节省出来的时间和人力资源用于延长图书馆的开放时间，以及更深层次的参考咨询工作和个性化服务等，从而提高图书馆的利用率。

（3）用户主人感意识增强。

自助服务意味着用户在图书馆的一言一行都会对自己、对其他用户甚至对图书馆的发展造成一定的影响，因此使用户感到无论自己进行任何活动都是在自己的领域做事，要对自己的活动环境负责。而由于用户感到自己是图书馆的主人，无形当中也增强了他们对图书馆的亲切感，使用户自己的行为能够非常自觉地接受图书馆的规章制度的约束。

（4）用户真正拥有安全感。

在过去，大概没有图书馆馆员和用户之间不发生冲突的图书馆。用户借书账目不清、怀疑图书馆馆员试图了解自己的隐私、抱怨借书证被他人盗用而造成重大损失等事件时有发生。自助服务无需图书馆馆员的介入，具有较高的安全保密性，不会产生因用户标识泄露而导致的诸如上网机时减少、假借他人账户借书等事故，更加符合用户的心理。图书馆馆员与用户之间的矛盾和摩擦越少，就越可以保证用户在一个轻松、愉快、惬意、和谐、安全的环境中读书治学。

（5）突破时空限制。

自助服务给图书馆开馆时间、阅读空间方面也带来了革命性的突破。一年 365 天、一周 7 天、每天 24 小时，无论是在图书馆的阅览大厅还是在自己的家里，校园网的用户都可以随时随地地检索和阅览最新的图书馆订购的数据库和既有的电子馆藏，可以通过联机对话或者电子邮件实现即时的参考咨询服务，这种交互式的咨询服务，最大限度地方便了用户，使图书馆的服务向更加人性化的方向发展。

2. 自助服务的技术保障问题

自助服务无论是对图书馆自身还是对用户都是一场深刻的革命。它不仅改变了读者服务方式，而且对图书馆的用户行为预测和管理也产生了重大影响，给图书馆的管理提出了更为严峻的挑战。特别是技术保障方面，究竟有多少可真正渗入服务之中、用户的满意度怎样测度等问题一直是这几年争论的焦点问题。

图书馆的自助借还书系统目前对文献资料的自动识别有两种模式，即条码识别模式和无线射频识别模式。由于无线射频识别模式技术尚不够成熟且价格昂贵，因此目前图书馆中使用的自助借阅系统仍然是以条码识别模式为主。由于机器操作程序设定，机器在读取数据或红外线扫描过程中可能会产生错误信息，使这些图书无法通过机器正确借阅，加上机器不能精确识别操作台板上的图书数量，因此，如果读者将几本书同时叠放在一起进行外借操作时，系统也会完成借书操作，从而导致流通数据库中只有一本书外借的记录。如何使自助设备运行中不出错或是办理借阅服务过程做到准确无误，这就需要具备一定的技术保障。

第二节 自助借书系统的研究现状

一、国内外研究现状和发展趋势

读者自助服务方式最初是以开架借阅的形式出现。早在中世纪后期，意大利的罗伦佐图书馆已出现开架服务的雏形，当时图书还是用铁链锁在书架或桌上，读者不能外借。随着印本图书的大量出现，一些图书馆首先实行开架借阅制。19世纪后期，在美国有人建议将开架借阅作为一种主要的借阅制度。进入20世纪，在欧美国家及经济发达国家的公共图书馆，开架服务已成为较为普及的读者服务方式。

2001年Guy St.Clair撰文指出，专业图书馆的发展趋势是开展知识服务，他认为专业图书馆员和信息专家的新作用应是为用户提供获取知识、创新知识的知识服务理论。Martin早在1996年就提出学科馆员团队的思想，他认为，将来提供给最终用户的服务是十分系统化的内容，是多种类型信息服务的集合，一般意义上的学科馆员将不复存在，取而代之的是一种拥有新的组织结构、基于功能化协作的学科馆员团队。他提出的这种团队式工作模式特别适合为协作式科研提供服务，也适合应用于高校图书馆的知识服务中。总的来说，国外图书馆自助服务是现代图书馆重要的表现形式。

通过对相关文献和国外大学图书馆网站的调查可以发现，国外高校图书馆对知识服务的研究一般是重实践而轻理论。自管理学界提出知识管理理念后，图书情报学界即将这一理念引入图书情报学研究中进行讨论，在理论研究方面出现了从知识管理的角度讨论图书馆参考咨询服务的文献，但鲜有文章探讨知识管理与知识服务的关系。在实践方面，国外高校图书馆注重以知识管理为理念，运用先进的技术方法，探索开展形式多样的深层次知识服务，并取得了良好效果。一些国外高校图书馆在参考咨询服务方面采用了许多新的技术与方法，如牛津大学的“我的图书馆”和斯坦福大学图书馆等，都在自助服务的研究与实践方面取得了较大的成果。

在我国，“五四运动”前后，李大钊就提出公共图书馆应向工人、市民开放，实行开架阅览。杜定友、刘国钧等也主张图书馆要为民众服务，采取各种方法吸引读者。中华人民共和国成立后，我国的专门图书馆虽然较为广泛地采用开架服务方式，但其他图书馆系统仍采用封闭式的服务方式，尤其是公共图书馆受几千年藏书楼模式的影响，过分强调图书保管职能的传统观念，致使开架借阅服务方式受到阻碍，对开架服务方式的争议持续了相当一段时间。

尽管开架借阅服务仅仅是读者自助服务的初级形式，与现今高层次、较完整的自助服务相差甚远，但它毕竟突破了公共图书馆长期的封闭式服务方式，在加大图书馆开放性和读者自主性方面迈出了关键的一步，为当今图书馆自助服务模式奠定了重要的基础。

二、图书馆自助服务的基本内涵及典型特征

图书馆自助服务，是指改变图书馆服务工作由图书馆工作人员包揽包办的传统做法，将一些服务项目和工作内容交由读者在指定的管理区域、活动范围内，根据各自的兴趣特点、需求偏好和时间安排，自行完成藏书阅览、查询、流通、利用等环节，实现自我服务的一种读者服务模式。在计算机技术下，图书馆自助服务有了进一步的拓展，读者可利用计

算机、网络等现代化手段，自我使用图书馆各种资源（如新型馆藏资源、人力资源、设备资源等），收集、鉴别、传递与利用文献信息来解决问题。一般来说，自助服务具有以下几个典型特征。

1. 信息利用自主自助性

在图书馆自助服务模式中，信息用户的主动参与程度高，服务策略和服务内容的针对性强，用户的一切信息利用活动和问题的解决都是在服务者搭建的智能化图书馆信息服务系统平台上自主自助进行的。目前数字图书馆信息服务实践中的电子图书阅览服务、信息检索服务、公告牌服务（BBS）、信息推送服务、文件传输服务（FTP）、数字参考咨询等服务项目，都是此种服务模式思想的体现。服务人员主要以数字图书馆信息资源管理与服务平台的建设、提供与维护为任务，不直接参与用户的信息活动过程，只是给用户提供解决问题的工具、策略、方法来引导用户的信息活动。

2. 自我约束性

自助服务虽然形式上是由读者个人自行完成，图书馆工作人员基本上不参与、不干预，但实质上它受制于一定的规章制度、相关人员的监控机制和技术程序的规范管理，要求读者在自助服务中自觉控制与自我约束，禁止违规操作。

3. 较强的开放性和灵活性

自助服务在一定程度上打破了图书馆工作与读者之间的分割局面，让读者通过参与图书馆工作的一些流程，深入图书馆的内部体系，直接接触馆藏文献资源，同时一些项目如网上续借、网上咨询等可消除时空限制，实现自助服务。

第三节　研究思路、框架结构及创新点

一、本书的主要研究思路、框架结构

1. 研究目标

本书将图书馆借阅系统作为研究对象，分析图书馆借阅系统在读者自助借阅服务中所出现的信息读取错误。在读者自助借阅的过程中，当书本通过借阅系统的磁条感应区时，可能会出现磁条感应不准确，导致两本（或三本）书当作一本书出借的错误现象。有鉴于此，本书拟从技术管理的角度，运用消错学的理论知识进行探讨、分析，并给出消错建议。

2. 研究内容

本书的主要研究思路与内容大体上分为如下五个部分。

第一部分：绪论。介绍自助借还书系统的研究现状及国内外自助借还书系统的发展趋势，以及本书的研究思路、框架结构及创新点。

第二部分：相关基础理论概述。介绍图书馆自助借阅系统应用的优势、工作程序及其意义。

第三部分：自助借阅系统的信息错误。主要包括以下几方面内容。

（1）自助借阅系统的错误风险及其影响。

（2）自助借阅系统信息读取错误源。

（3）自助借阅系统中出现的错误障碍。

（4）自助借阅系统中出现的错误效应。

第四部分：借阅系统中的借阅信息消错研究。主要包括以下几方面内容。

（1）消错理论，包括消错理论的研究内容和理论框架、消错理论的研究方法。

（2）消错理论的相关概念，包括错误集、错误集函数二、错误系统、判别错误的规则。

（3）消错准备及消除错误的方法。

（4）借阅系统中的借阅信息消错步骤。

第五部分：结论。总结通过图书馆借阅系统的消错研究所获得的心得、经验，对其今后的应用提出自己的看法和建议。

3. 研究的预期成果

完成上述研究内容的理论应用研究，建立运行良好、操作过程无错误的自助借阅系统，为图书馆自助借阅系统消错提供参考，并向为笔者撰写本书提供帮助的制造还书机公司反馈本书的研究成果，运用消错学的相关理论向相关技术人员提供一些减少或避免自助借阅系统中发生磁感错误的方法。

4. 研究方法

（1）文献调查法。

文献调查法，是一种通过对报刊、文件、文献、档案、资料等文字和图象材料进行收集、整理、分析，从而为研究提供有用的资料的调查方法。这是一种常用的很重要的资料收集方法。文献调查的作用，一是为研究工作提供必要的资料，二是为实地调查打下基础，以节约实地调查费用的支出，三是为实地调查提出所需调查的问题等。

通过对大量的文献进行调研，可以了解自助图书馆的历史、现状，预测自助图书馆的发展，并指出自助服务中存在的问题，最后提出相应的解决方案。

（2）对比法。

对比法，也叫对比分析法或者比较分析法，是通过实际数与基数的对比来提示实际数与基数之间的差异，借以了解经济活动的成绩和问题的一种分析方法。在科学探究活动中，常常会用到对比法，这种分析法与等效替代法相似。

采用对比法不是单纯地模仿，而是创造性地借鉴。通过深入的思考、研究，集众家之长，开展技术创新，实现产品性能的提升。只有掌握了突破性的技术，才有可能领先世界。为了更好地开展对比法，应当建立有关的数据库，并不断更新。对比法在很多科学研究中已获得广泛的应用和明显的成效。

本书通过对我国自助公共图书馆的实证调研，收集了各自助图书馆的基本信息情况和读者的自助服务情况，然后通过对比分析，从而更好地了解自助图书馆的发展水平、发展需求等。

（3）理论与实践结合法。

理论和实践的辩证关系为：实践是理论的基础，即实践对理论具有决定作用；理论对实践具有反作用，科学的理论对实践有积极的指导作用，错误的理论则对实践有阻碍作用；理论和实践是相辅相成的，缺一不可，不能任意割裂两者的辩证关系，孤立地强调一个方面。

本书首先从理论上厘清了自助图书馆的功能、服务模式及其应用，并结合国内外自助图书馆的实践情况，总结成功经验，据此提出了消除信息错误，促进自助图书馆系统建设的对策建议。

二、本书的创新点

本书的创新之处在于，从理论的角度出发对图书馆自助借阅系统的使用进行研究，运用消错理论对图书馆自助借阅系统的借阅信息错误进行分析，建立对象系统的消错模型，运用消错学中的相似、增加、分解、置换和毁灭等方法，消除自助图书馆在借阅过程中将两本或以上图书当作一本出借的错误，通过数学及物理的计算，对条形码的磁通量进行额定化，以使扫描器在扫描过程中成功读取磁条信息，从而为制造还书机技术提供有用的理论支持，实现图书馆自助借阅系统的效益最大化。

消错学理论属于我国首创理论，是五大智能基础学科之一，但在实际中的应用实例比较少，本书试图通过理论联系实际，把这一学科的研究意义应用于实际当中，以发挥消错学指导生产实践的作用，这是一项新的尝试，也将为今后更加深入的研究打下坚实的基础。

第二章

自助图书馆发展概述

第一节 图书馆自助服务模式的发展

图书馆自助服务是读者根据自身的兴趣、爱好和需求，借助图书馆及其工作人员的引导，通过图书馆所提供的设备、设施和资源，使用计算机、信息网络等现代化手段，自我利用图书馆各种资源（包括新型馆藏资源、人力资源、设备资源等），实现收集、鉴别、传递与利用文献信息，解决问题的一种自我参与的服务方式。开架借阅、开架阅览是纸质出版物时代图书馆自助服务的基本形式，在网络时代，自助服务有了更多方便快捷的方式，如网上查询、网上续借、网上文献提供、网上读者信箱等，自助服务的内容范围日益扩大。

随着互联网技术的普及，自助服务越来越多地进入我们的日常生活中，如银行客户在 ATM 机上存取款、交水电费，用户用手机扫描二维码租用共享单车等。用户可以在一定的服务设施支持下，根据自己的需求，无需服务人员介入，主动、灵活地实现自主服务，与过去的人工服务相比，极大地提高了资源利用效率。

在国外的一些图书馆，如柏林中央暨州立图书馆很注重书目检索和外借流通的自助服务，读者可以使用柏林公共图书馆联合目录检索系统查询所需资料，系统清楚地显示出每种书存放在哪个图书馆。如果读者所需资料没有出现在区域图书馆联合目录中，则可利用全国期刊数据库和全国联合书目查找其收藏馆，图书馆的每台电脑旁都有一份详尽的检索指南。为了给读者查询文献提供更多的便利，柏林中央暨州立图书馆不仅购买了 140 余个涉及不同专业的检索性光盘数据库，还购买了 OCLC 的 World Cat、First Search 等网上数据库，供读者在馆内免费使用。如果所需资料已被外借，那么可以自行在网上预订，甚至可要求将预约的资料送至家中，仅需支付邮费。欲续借的读者在联网电脑上输入自己的账号和密码即可，当然还可通过电话、传真等方式续借。电子信箱服务除了提供一般性的服务外，还在版面上设立了一个按键，读者通过它可以直接查问有关柏林的问题。

德国巴伐利亚州公共图书馆于 2003 年订购了世界各地各语种的报刊 4.1 万种，其中 2 万多种期刊在现刊阅览室开架。

此外，共有 19.3 万册馆藏图书开架陈列于阅览室。读者可以通过网上检索后预约所需的图书，而从外借处的书架上可以看到读者预约待借的许多图书。读者可以携带个人计算机到图书馆，利用安装在阅览桌旁的通信和电源线路，检索和预约图书馆的文献资料。该图书馆还提供有自动复印机，供读者需要时扫描复印。

美国的图书馆除了善本书库等控制区外，其他图书都是开架的，很注重让读者不经过任何环节直接使用图书馆。当今的美国图书馆界呈现出基于网络的自助式查询模式发展为信息交流主要形式的趋势。

我国的香港中央图书馆基本上实现了管理自动化。借助 25 部自助借书机和“一站式”多媒体服务系统，市民可以以不同方式查阅各种类型的资料；可以自助借书、自助打印和复印；在自助借书系统运行过程中，能够同步自动打印载有所借书的书名、借阅起讫日等数据的便条。该馆还安装了自助借书终端机，设置 24 小时还书服务，读者还可以通过互联网续借和预约图书馆资料。

随着科技文化的快速发展，“文化 + 科技”的融合创新为图书馆自助服务的建设发展带来了机遇。借助现代科技的应用，以科技创新支撑文化创意成为一种潮流。在国家大力倡导公益性文化设施建设免费开发的背景下，RFID（Radio

Frequency Identification，即无线射频识别）等相关技术的开发与应用为公共图书馆的开放性探索提供了新思路，自助图书馆应运而生。国外图书馆自助服务的经验尤其是开架服务的理念和做法，促使我国图书馆服务掀起了一场革命。目前许多图书馆基本上实现了开架借阅，自助外借、自助还书、自助复印等自助服务也有所发展，广东省东莞图书馆更是借新馆建设的东风，应用现代化技术手段，利用图书检测系统、视频抓拍系统和门禁系统等图书自助借还设备，建立了允许读者进行图书借还操作的自助图书馆。

自助图书馆建设以科技发展服务文化需求为宗旨，将智慧化、数字化、自主化的理念技术与传统图书馆进行有机融合，以提供创新性服务。这既有利于公民素养的提升，也有利于全民阅读的推广，更有利于普惠均等的公共文化服务体系的建设与继续完善，进而推动中国特色社会主义文化建设。总的来说，自助图书馆是传统图书馆服务的延伸，但由于我国自助图书馆起步较晚，在各地区的应用还未成熟，因此，有待通过总体把握我国自助图书馆的发展现状，深入剖析其在建设与使用过程中存在的问题，并提出相应的解决策略，以进一步促进自助图书馆的建设与发展。

第二节　当前图书馆管理现状

20世纪80年代以来，随着计算机技术、通信技术的飞速发展，各大图书馆纷纷通过对图书馆管理方式进行不断的创新来提高其管理效率。通过10多年的努力，逐渐完成从传统型图书馆向数字型图书馆的转变，基本取消了效率低下的手工借阅图书的方式，实现了条形码信息录入与磁条报警系统相结合的图书馆管理方式。这种管理方式简化了借阅手续并提高了效率，成为目前运用最为广泛的图书馆管理方式。

条形码信息录入与磁条报警系统相结合的图书馆管理方式的最大优点是成本低廉，每一个条形码的价格大约在1角左右。但是受其本身特点的限制，它的智能化程度不高，因此在图书馆的管理方面同样存在着很多问题。

一、图书信息录入效率相对来说不高

一方面，条形码的信息载体大多是印有条码的纸，其抗损坏的能力比较差，由于潮湿、腐蚀等原因会导致条码的可读性能降低，因此要保证信息的正确性，通常只能采用人工的信息录入方式，而不太可能实现借阅者自助信息录入的方式。另一方面，条形码不支持多目标的识别，因此信息录入的效率相对来说并不高。由此，大量的关于高校区域性信息资源共享方面的理论研究成果也就应运而生。

二、报警系统智能化程度低，容易产生误报警

条形码虽然能够实现信息的录入，但受其激光束扫描的信息录入方式的限制，不能用于报警系统，因此大多数图书馆采用了磁条报警系统。该报警系统的报警机制是通过发射一定频率的磁场使夹在图书中的磁条发生共振，并产生谐波来达到报警的目的。基于这种机制，该系统对任何带有符合共振标准的磁条，甚至是易磁化的铁片都会产生报警，因此存在着一定的误报警率。事实上这与我们图书馆报警管理的初衷并不完全一致，如果可以选择的话，读者将会更青睐于

智能化性能高的报警系统。

三、图书排架管理效率非常低

受条形码的特性限制，图书的排架管理还只能采用人工方式，面对上百万册图书，管理起来不但费时、费力而且难以让人满意，成为制约图书馆管理技术发展的一大瓶颈。随着时代的发展，图书馆的规模正在不断地扩大，馆藏图书数量在不断飞速增长，借阅者对图书馆管理智能化的要求也在不断地提高。在这种新的环境下，仍然采用条形码信息录入与磁条报警系统相结合的图书馆管理方式显然在管理效率和管理智能化方面都不能很好地满足图书馆的管理要求。因此，为了从根本上解决这一问题，需要采用一种新兴的图书信息自动识别技术。

四、信息资源开发利用手段落后

信息资源是指人类社会信息活动中积累起来的以信息为核心的各类信息活动要素（信息技术、设备、设施、信息生产者等）的集合。现在信息技术是高效开发利用文献信息资源的载体，但目前只有少数学校使用计算机开发利用文献信息资料，大部分学校图书馆信息加工、服务手段仍以手工为主，所以在图书馆的计算机配置上，需要对硬件设施进行更多的更新，并真正加以利用。

第三节　自助借阅的定义及相关概念

一、自助服务及其范畴

传统图书馆的用户服务是以印刷型图书文献资源为基础，以借还图书服务为主要服务模式。随着人类社会从工业社会进入信息社会，文献载体的形式也从单一的印刷型向缩微型、视听型和电子型发展，印刷型出版物与数字型出版物相互并存、共同发展。在图书馆朝着自动化、网络化、标准化和数字化方向发展的同时，不可避免地给传统图书馆带来挑战与变革。自助服务就是在图书馆的现代化转型过程中出现的一种新的服务形式。自助服务始于20世纪90年代，主要是在国外，例如当时的北欧诸国、日本等，就已经开始了公共图书馆的流通自助服务与馆际互借等服务项目。发展至今，自助服务的范围已经扩大到了各种类型的图书馆，各个图书馆都在不同范围和不同程度上开展了一些自助服务项目。在流通方面，主要是书库开架借阅，即由用户自助寻书阅览。在网络方面，主要是免费提供各种网上数据库资源给用户自助查阅使用。这些活动的开展，对扩展图书馆自助服务起着积极的推动作用。尽管图书馆所提供的自助服务远没有像金融业的自助服务那样已经进入精益服务时代，但它已迈出了成功的一步。银行在自助服务方面已逐渐由管理流程化、自动化向分析决策技术化转变，从而大大地节约了人力成本，提高了管理效率。自助服务在图书馆中的应用还处于起步阶段，但扩大和发展自助服务，是高校图书馆不断完善与提高其服务水平和质量的必然趋势。

目前高等院校办学规模扩大、学生扩招，图书馆所面临的既有信息重组的问题，又有人力资源严重不足的问题。学生人数增加，导致图书借阅部的馆员工作量增大，图书上架与整理顺架占用了他们的大部分工作时间与精力，特别是前台图书借阅工作更是繁忙又重复性的操作。高校图书馆肩负着为教学与科研服务的重任，如何提高图书借阅的工作效率，节省人力资源，是我们急待解决的问题。

高校图书馆实施自助服务有着天然的优势。高校图书馆的服务对象是接受高等教育、具备较高信息素养和学习能力的群体，他们不论在专业知识、外语水平还是计算机能力等方面都比普通用户要强。自助服务能够将高校图书馆的工作从传统的以馆员为主的借还图书服务转变为以用户为主的自助服务，馆员对用户只需起引导和帮助作用。在高校图书馆印刷型馆藏同数字馆藏并存并快速增长、计算机和电子存储设备等高新技术应用能力增强的同时，用户对馆藏信息资源的了解和掌握程度也随之加深，高校图书馆的自助服务可以突破馆员的专业局限，让用户凭借自己的能力花最少的时间找到最符合自己需要的信息。这种服务具有较高的用户满意度和便捷性，提高了馆藏资源的利用率，也减轻了工作人员的一部分低层次性重复劳动，节约了人力和时间。

随着高校图书馆资金投入的加大，除了印刷型图书迅速增长外，电子图书、数据库资源、网络信息资源等也越来越丰富。特别是教育科研网的开通和各高校校园局域网的建立，联通了整个校园。网络环境的形成，为网络信息的自助服务提供了可行性。高校用户对图书馆的依赖性很强，他们不论是从事专业学习还是教学科研，都离不开图书馆为之提供的信息资源。网络环境加速了信息的产生、传递、需求与创新的速度，而用户自身对学科领域的专业信息及其最新进展等方面的需求也大大加快，要满足用户日益变化的个性化、多样化、集成化信息需求，高校图书馆必须及时打开以用户为中心的网络信息资源门户，加快开展信息利用自助性服务，使用户能够不受闭馆所限而获取最新信息，也使图书馆投入的各种网络数字信息资源得到及时充分的利用。

目前，国内许多图书馆都在不同范围和不同程度上开展了一些自助服务项目，包括网络检索、网络漫游、网上注册 E-mail 账号与 E-mail 收发、信息检索、用户信息查询、BBS 的注册与使用、电子阅览、各种中英文光盘数据库的检索与利用、各种中英文光盘欣赏、进入网络书目数据库寻书、网络续借以及文件编辑和打印等，这些都是网上自助服务最基本的活动。

在国外，特别是某些国家的高校图书馆，已经或正在准备开展其他一些图书馆的自助服务，包括自助还书、自助网上馆际互借、自助复印、自助扫描、自助打印以及网上预约借书、网上讲座、网上推荐购买书目、网上（包括异地）支付罚金、网上发布信息等。

随着网络技术的发展，各个图书馆正在通过不同的自助服务内容来实现“图书馆服务五原则”（开放原则、方便原则、平等原则、创新原则、满意原则），只是目前还处在起步阶段，没有像银行业那样具有一套对业务拓展、运营保障、科学管理、决策分析、用户反馈等提供全面支持的系统，即一个面向图书馆自助服务的应用平台。因为，自助服务成功实施的测量标准如电话量的减少、单次交互成本的降低、服务质量水平的提高等还没有实现。但毋庸置疑的是，扩大自助服务是图书馆不断成长的有机组成部分，是大势所趋，因为自助服务有其不可替代的优势。

二、自助借阅

自助借阅是指读者按照提示自行完成文献的阅览外借手续，而不经过图书馆员的柜台服务。这里的文献指的是纸本文献，电子文献自然不需要馆员的操作。自助借阅是一种管理制度，可以在馆内或馆外实施。

自助借阅是图书馆在一定的条件下允许用户根据个人的阅读兴趣、爱好、需求特点及研究方向等，由用户自主、灵活、能动地自助操作进行过去由馆员按照图书馆工作程序来完成的书目查询、藏书借阅、信息检索以及网络各种数据库资源的使用下载等活动，实现自我服务的一种方式。自助借阅的关键是用户能在图书馆这个知识的海洋里凭借自己掌握的知识与技能实现自我服务，方便快捷地满足自我的需求。从这个意义上来说，自助借阅服务是对用户服务本质的革命。不过，自助借阅服务虽然是靠读者自己去做，但还是不能超越图书馆所提供的服务项目和图书馆工作的具体内容。

馆内自助借阅模式是指大中型图书馆的借阅流通部门完全实行自助借阅，无需图书馆员的柜台服务。当然，馆内的其他服务部门还需要图书馆员的工作。这种模式主要是为了方便读者和降低人力成本。

三、图书自助借还机

图书自助借还机的功能和样式与银行自动取款机相似。它允许读者利用机器中的扫描设备读取条形码或 RFID 芯片并检查用户密码，然后打印出一张收据告诉读者借了什么文献资料以及归还时间。

按照形式，图书自助借还机可分为台式和立式两种。台式借还机的形状大小如同一个台式计算机，立式借还机的形状大小就如同一台自助售货机。

按照自动化程度，图书自助借还机可分为自助式借还机和只具备自动识别、分拣功能的还书机。

按照信息读取方式，图书自助借还机还可以分为条码式自助借还机和 RFID 芯片式自助借还机。

四、自动借还书系统

自助借还书系统是通过图书馆自动化系统与读者之间进行连接的最自由的方式，由读者自行借还馆内资料，帮助图书馆在有限的人力资源下增进流通速率、简化借还流程，进而提升图书馆从业人员生产力与图书馆服务品质的一种新型的工作系统。

自动借还书系统是开展自助借还服务所必需的一整套软件和硬件，它包括自助借还机、流通管理软件、安全监测系统和其他软硬件，此外还包括信用体系和相关管理制度。将自助借还服务融入图书馆日常管理工作当中，能大大加快知识信息传播的速度，对读者、图书管理员以及院校管理都非常有利。

1. 增强馆藏图书流通量

图书馆自助借还书系统是一种新的流通模式，它能够使读者参与到图书馆的内部体系之中，深入了解馆藏信息，使图书馆的借阅流程变得更加顺畅、读者的借还书过程变得更为自由和便利，同时使图书的流通量也随之增加。

2. 延长图书馆借还书服务时间

与人工服务方式相比，使用自助借还书系统，图书馆可以自主延长借还书服务时间。同时，读者可以自由选择人工和自助终端两种服务方式，避免借书高峰期读者排队现象。

3. 使借还书服务更加人性化

图书馆自助借还书系统由读者自控借还，省略了与图书管理员接触的压力，可以在放松的状态下进行查询、检索、借阅等活动，营造一个安静、和谐的学习氛围。自助借还书系统在图书馆有很强的可行性与应用性，使图书馆工作人员的工作得到了优化，也使图书馆的管理更加人性化。同时，图书馆的服务方式也更加自由、灵活、方便，满足读者多样性、个性化的需求，提升读者满意度。

五、自助复制

在日本，图书馆的各个楼层都设有自助复印机，读者只要投入硬币就可使用。现在国内的一些图书馆也开始使用这一自助设备，如上海交通大学图书馆改变了以往由专人管理、收费、复印的办法，开发了非接触式 IC 卡复印管理系统，实现远程监控的数字管理。采用该系统后，可以完全由读者自行完成复印操作，同时由读卡收费器自动完成收费。

六、无人图书馆

图书馆是一座城市的文化坐标，是一座城市的文化记忆，它赋予这座城市人文气度与胸襟，是求知者思想交流、文化活动的重要场所。传统图书馆复杂费时的借还书程序令人止步，24 小时无人图书馆将纸质阅读的温度带到你的身边。

无人图书馆又称为自助图书馆，是指图书馆为了方便读者借阅而在馆外设立的基础设施。这里没有图书馆员的柜台服务，读者按照程序自助借阅，类似于自助银行。

无人图书馆的特点主要是由读者通过自动借还设备完成书籍借还流程，实现无人值守。这是一种新型的智慧图书馆，集云计算技术、物联网、远程监控技术、互联网通信技术为一体的 24 小时自助服务平台，可与其他图书馆进行资源共享、信息交互。

自助借还的方式操作起来简单省时，利用身份证到办卡机上办理借阅卡，通过借阅卡在借还书系统中借阅所需要的书籍，书籍拿了就走，十分人性化，大大提升图书馆服务水平的同时也节省了图书馆管理所需的人力资源。

24 小时不间断的服务模式，是对每一位阅读者的开放式包容，它能够满足每一位读者的阅读梦想。不受时间的限制，用户可以在任何时间来到图书馆借阅书籍，夜晚下班回家的路上，早起晨跑的间隙，或者闲适的周末，不论何时，24 小时无人图书馆都为你准备了寄托心灵的场所。

无人图书馆主要以城市书屋、微型图书馆以及图书漂流柜等形式出现，这类图书馆以新技术和新设备作为支撑，通常占地面积小、藏书量大，作为城市文化的分支，可延伸至城市的任何一个角落，不受空间限制，将阅读真正地融入民众的生活圈。移动图书漂流柜更是可以广泛应用于社区、企业、学校、交通枢纽等公共区域。

第四节　自助借阅系统的工作程序

一、自助借还书系统结构

自助借还书系统的基本结构，如图 2–1 所示。

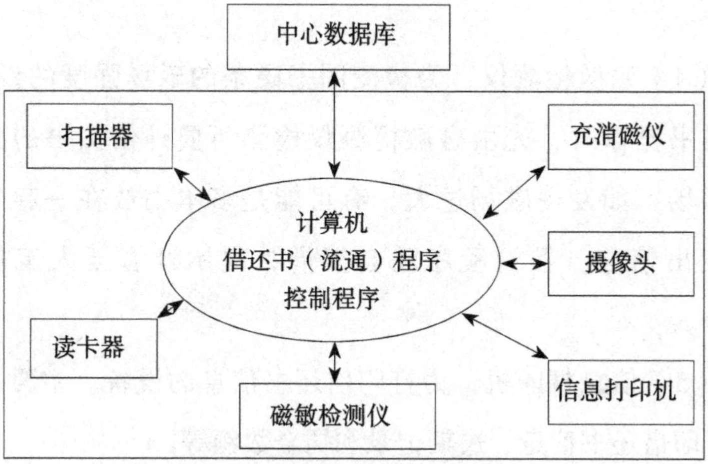

图 2–1　自助借还书系统结构图

（1）普通计算机一台，内部装有独立的控制程序与借还书（流通）程序（与所在图书馆用什么图书馆管理系统无关），再安装一个接口程序与中心数据库相连。与计算机相联的设备有读卡器，即读取借书卡信息的设备。不同的图书馆使用的借书卡是不同的，有的用条码，有的是磁的，有的是卡，相应的读卡器也有所不同。在读者选择借书操作后，控制程序将发出读取借书卡信号，开启读卡器。

（2）扫描器，为读取图书条码的设备。在控制程序发出读取图书条码信号后，开启扫描器，有一条红色激光束发出，读者把要借还的图书条码对准激光束位置即可读取。

（3）充消磁仪，为充消图书磁条的设备。在借书时启动消磁操作，在还书时启动充磁操作，每次持续时间约三至四秒钟。

（4）磁敏检测仪，为检测图书磁条的磁场强度的设备。在借书操作时，先由磁敏检测仪检测所要外借图书的磁条的磁场，如发现磁场过大，有可能是多本书放在一起，就会发出信号，控制程序就会拒借，提示读者至人工借还书台。

（5）信息打印机，为打印借还书信息的设备。主要用途是打印借还书信息、逾期记录和罚金数额等。

二、自助借还书系统流程

以自助式学科化服务平台为例，其系统流程一般包含存储层、逻辑层和服务层三个部分，如图 2-2 所示。

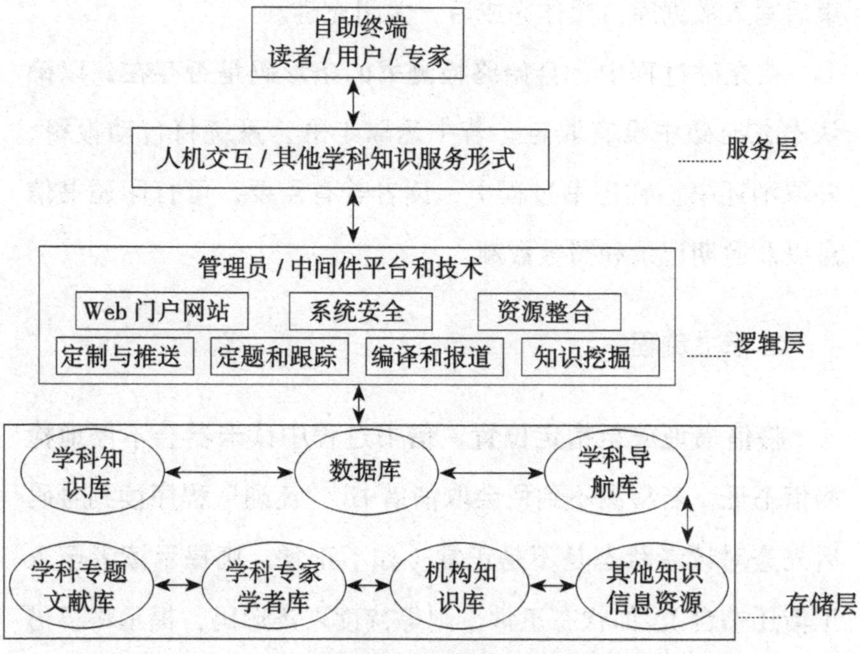

图 2-2 自助式学科化服务平台的系统流程

1. 还书流程

将条形码对准扫描器（“流通”程序读码后先会检查是否

有超期等情况，如不正常，则提示读者至人工借还书台），在正常状态下，屏幕会弹出对话框“确实要还书请点 Y，取消点 N”，点击“Y”后，屏幕出现提示语“正在还书，请不要移走图书，否则还书不成功”，同时充消磁仪在读者选“Y”后的五秒倒计时内启动充磁动作，持续约三至四秒，充磁结束后写入数据库，操作完成后，关闭充磁。

在充磁过程中，会始终检测书的条形码是否存在，以确认书在充磁中没有取走，若中途取走书，系统将自动报警，并取消还书。在还书过程中，读者若有需要，可打印还书信息以及逾期记录和罚金数额。

2. 借书流程

将借书证放至指定位置，借书过程中读卡器会不停地检测借书证，若检测不到便会取消借书。“流通”程序读到号码后先查对读者状态是不是正常（如不正常，则提示读者至人工借还书台），如状态正常，则等待读入条形码，提示将要借的书放到指定位置；书放至指定位置后，由磁敏检测仪检测图书磁场是否正常（如图书磁场过大则直接拒借，提示读者至人工借还书台）；如图书磁场正常，再将条形码对准阅读器，“流通”程序读码后写入数据库，屏幕出现提示语“正在借书，请不要移走图书，否则会有报警”，同时约有五秒钟倒计时（这五秒倒计时其实是充消磁仪消磁的时间，在这个过程中会始终检测书的条形码是否存在，以确认书在消磁中没有取走、替换等，否则会报警）；借好书后，关闭消磁取走借书证，“流通”清零。如读者有需要，也可打印借书信息。

三、应用自助借还书系统的优点

第一，便利馆员和读者。一方面，可以减轻馆员借还书的工作负担，使其有充裕的时间投入馆内其他重要工作，馆员的生产力与图书馆的服务品质可由此得以提升；另一方面，可以维护读者的隐私权益，利于读者借还书流程的自我掌控，节省读者借还书时间。

第二，操作简便。操作系统环境符合使用者操作习惯，操作接口简易，使用者易于上手，并且可与图书馆自动化系统结合，统合资料流通管理，彩色动画操作提示，即使是初次使用者也能轻松上手。

第三，功能齐备。一是具有多书侦测功能，以防读者在一张条形码下借阅两本以上图书，当这种状况发生时，借还书系统会产生借阅失败信息，读者需重新操作。二是具有防止抽换图书功能，读者有时会在借书时让扫描机读取较低价格的书籍信息，而抽换较高价格的书籍让自助式借书机消磁，自助式借还书系统会自动侦测这些异常现象，而加以预防。三是具有借阅资料打印功能，读者在使用自助借还书系统借阅图书资料后，会自动打印出借阅明细，使读者确切掌握借阅状况。四是自动统计借阅状况功能，馆员可通过自助借还书系统统计馆内借书状况，而不需经由图书馆自动化系统。除此之外，自助借还书系统能够选择最多 4 种文字操作，还可设计借阅 CD、录像带等其他资料。

第三章

自助借阅运行系统

第一节 图书馆预约预借循环系统

一、图书馆自助服务系统

图书馆自助服务系统包括图书馆数据中心、图书馆自助终端（见图 3-1）。图书馆自助终端与图书馆数据中心相连接，设置有用于陈列带有信息标签的图书的图书陈列机构，以及用于还收图书的图书还收机构。图书馆自助终端通过第一信息读写器读取借书证的信息，并将其传送至图书馆数据中心进行鉴权。鉴权通过后，图书馆自助终端根据获取的借书指令及所借图书的信息，自动输出读者指定的图书。或于鉴权通过后，图书馆自助终端根据获取的还书指令，通过第二信息读写器读取进入图书回收机构的图书的标签信息，由图书馆数据中心确认后，将该图书回收入图书馆自助终端。最后，由图书馆数据中心做相应借还书记录。

图 3–1　图书馆自助终端

二、预约 / 预借传递过程

1. 预约

在馆藏目录中检索需要借阅的图书，查看其书目详细信息页，若该图书、读者均符合预约规则，则点击页面上方的“我要预约”按钮或下方的“提交预约请求”链接，经“统一身份认证”后，确认联系方式，提交预约需求，等候图书馆通知。预约完成后，可在“我的图书馆→预约图书信息”页查询相关信息，并可取消预约（若取消预约，需在到书日期之前操作）。

预约的具体规则包括：部分类型的读者可在线预约图书；按种预约图书，多卷图书的每一分卷视为一种图书；每种图书至少已借出一册时方可预约；每种图书同时只能被一位读者预约；可预约的图书类型包括中文图书、外文图书；读者不能预约本人借阅且尚未归还的图书。

预约者应在规定期限内尽快办理借阅手续。当已申请预约的图书被归还时，计算机管理系统将自动发送邮件通知预约者前来取书，需要确保“我的图书馆→个人信息”中的 E-mail 地址真实、有效。预约取书时间为 3 天（遇节假日顺延）。要注意“保留日期”，若逾期未办理借阅手续，则预约图书不予保留。

逾期未办理借阅手续或到书日期后取消预约，将被系统记录为违规，30 天内违规记录达三次者，将被暂停预约权限 60 天。处于超期、暂停、挂失、失效、退证、自停、毕业离校、新生入学、休学等状态的读者不能预约图书。

2. 预借

在馆藏目录中检索需要借阅的图书，查看其书目详细信息页，若有可外借图书，则点击“预借登记”，经“统一身份认证”后，确认联系方式，提交预借需求，等候图书馆通知。

如图书馆通知取书，则可在约定时间内到约定地点取书。如馆员因客观原因（书库整理等）一时找不到所预借图书，也会及时回复，并可能推荐馆藏电子图书。

如果不再需要预借该书，则在“我的图书馆”查询预借信息并取消原有预借登记。

3. 预约 / 预借流程

预约 / 预借流程包含预约书借阅、主题书展阅、新书荐阅采录和区域巡弋传递四个方面，具体如图 3-2 所示。

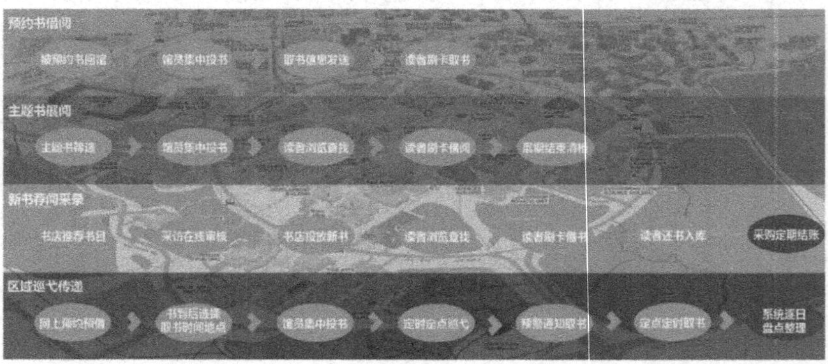

图 3-2　预约 / 预借流程示意图

自助图书馆人员处理步骤包括以下主要内容。

（1）书籍归还时如有读者预约，则将其放置在预约书车内（如是读者预借的书籍，馆员找到后也将其放置在专用书车内）。

（2）馆员定期将书籍扫描后，放入自动打开的书柜内。

（3）系统通知预约 / 预借的读者到某号预约书柜取书。

（4）读者在控制面板处通过读卡或者面部识别进行验证。

（5）柜门自动打开，读者取出书籍，借阅手续办理完毕。

三、硬件设备要求

（1）控制主机要求为 17 英寸以上触摸式主机。

（2）书籍识别：条形码、RFID（高频或超高频）。

（3）读者识别：一卡通、条形码或者面部识别。

（4）全监控：双侧安防摄像头。

第二节 图书馆自助借还书系统

图书馆自助借还书系统均采用低电压工控部件，以保护操作人员的健康安全，核心部件通过 CE 或 UL 认证，整机通过 CCC 强制安全认证，所有款式均支持 RFID、磁条条码及混合识别系统。嵌入式整机设计，带锁止式脚轮，可自由推动；静电喷塑桌体，可屏蔽电磁场；耐磨型人造石桌面，19 英寸以上用户交互界面，超长距离摆镜式条码扫描器，适合超大书籍。可以集成高频和超高频两种频率的 RFID 识别，内置书籍借阅过程摄像记录，有多种模式的多书检测系统可选，并可选配热敏收据打印机和金属密码键盘。

一、硬件方面

自助借还书机具有 17 英寸以上高清晰触摸屏液晶显示器，支持字母密码输入，带数字密码小键盘，24 小时不间断工作；商用英特尔双核以上处理器计算机，键盘和鼠标为图书馆通用，在正常操作时可放在关闭箱内防止外人拿到。可以兼容图书馆普遍使用的各种条形码、国内外各种品牌的复合磁条。在办理借阅手续的同时，可根据文献借 / 还状态自动完成消 / 充磁工作，并提供充消磁声音指示。具有打印凭据功能，管理者可根据需要设置打印内容。

设备硬件构造坚固耐用，耐磨损、防尘、防水、防污，易清洁、易维护。工业级摆动式激光条码扫描系统，非常便于操作，适用于较大范围的条码粘贴位置。具有磁条充 / 消及磁性验证功能，能够判别永磁条书籍并引导读者到馆员处借阅，另外还具有数字调整式磁通量检测的多书识别功能。操作平台为斜坡式设计，不小于 15 度，使读者操作更方便、充消磁完全。读者操作高度在 1.0 ~ 1.1 米，所有部件都设计安装于箱内，一体化且美观大方；提供有 3 个还书窗口，以不同风格设计。结构稳固，防脱落设计，外表设计圆滑，无锋利棱角，内部布线系统严密，以免因线路破损短路发生火灾等消防危险。RFID 阅读器符合 ISO15693、ISO18000-3 标准，工作频率为 13.56 兆赫，读写距离可达 15 厘米以上。

二、软件方面

图书馆自助借还书系统为基于 WindowsXP SP2 以上的软件操作中文界面，并可提供多种语言选择。读者可借还不同载体的各种类型文献，经过图书馆自动化系统许可，读者还能够续借，并更新归还期限。系统不仅具有流通统计功能，能够按照星期、日、月、年进行自动借阅统计报告，而且具有信息显示功能，可根据需要设置信息显示内容，例如读者基本信息、图书借阅状态信息、图书借阅历史信息、个人账目信息等，此外，它还具有权限识别功能（密码验证），可对管理者和读者分别进行权限验证，能够远程监测系统和读者的运作，而不需要增加额外的硬件。当网络出现问题时，可脱机工作并存储相关信息，待网络恢复后则会将暂存信息自动转发和流通系统服务器进行数据同步。同时，系统兼容接触式 IC 卡和条码等多种个人信息读取方式，可以同时使用两种借书证形式（条码及 IC 卡），也可以选择手工输入借书证号的功能。系统使用 SIP2.0 标准交换协议，可通过 TCP/IP 或串行口连接，与现有图书馆管理软件有效对接，并使用国际标准格式的通信协议，能够和各种流通系统兼容。具备自助借书、自助还书、查询续借和自助缴款等各项功能，可以根据不同时间段自动开启不同的功能。在借还书过程中，提供动态画面、图文指示及完整语音来提示协助读者。系统软件具有可升级、扩展性，系统升级时不必替换整个设备，可升级到 Hybrid 双功能系统，同时处理条形码和 RFID 标签，也可以升级到纯粹的 RFID 系统，高频和超高频两种频率都可选择。能够清晰显示错误信息和未通过的交易，以及出错原因，并且与成功的交易区分开。

正常借还书状态下，借还书处理速度大于 3 秒 / 本。还书模式为 1 本 / 次，能够自动识别多本图书，并将图书退还给读者，设备操作界面给予异常操作提示。内置两路实时操作录像记录功能，记录还书过程中的读者操作信息和图书归还过程，接入统一的存储管理系统，存储时间 6 个月以上，便于查询追溯还书过程。此外，还配置有传感器间速度感应系统，用以测试书籍是否被替换和还书各阶段的效率。

第三节　图书输送系统

一、图书升降输送系统

图书升降输送系统采用连续往复式垂直输送机构，根据客户需要将书籍在不同楼层之间进行传递。各楼层出入口可适应不同大小、重量、形状的书本，对书本冲击力小，轻柔且同步进出。采用伺服控制系统，定位精度高，噪声小于 75 分贝，系统稳定可靠，故障率低，输送速度可调。输送书籍最大尺寸为 400 毫米 ×400 毫米，重量为 5 千克，输送效率 ≥ 1000 册 / 小时。为了确保操作人员和维护人员的人身安全，防止人员身体被夹入机器，各出入口都采用了传感器探测技术，并在每层都设有紧急停止按钮。

二、整合输送带系统

整合输送带系统包括两个组件，一个是缓存输送带，一个是合流输送皮带，其材质都为黑色防滑 PVC，厚度 2 毫米及以上，环形。包含减速电机、皮带传送主从动滚筒、PVC 皮带、皮带托板等。传感器主要为对射型光电开关。

三、综合信息管理系统

综合信息管理系统能够通过后台对整个系统进行实时控制、监测、数据交互与记录，以及与后台进行通信，并将运行情况在人机界面进行实时仿真；能够采集实时控制层的数据，并对采集到的信息进行处理；能够记录输送过程中的设备运行信息和设备故障信息，并对这些信息进行统计管理；能够进行各类图表的显示，并实现实时运行视图显示。

综合信息管理系统具有自动检测、数据采集、运行监控、告警、安全保护、系统诊断和维护等功能，可以对升降系统、还书箱（空箱、满箱）和分拣系统上的书籍状态进行实时监控和箱位管理，此外，它还具有通信设备通信时间点记录功能，有详细的日志信息记录通信的时间段，通过日志记录信息，便于分析通信设备的运行状态。

第四节 图书馆自动还书传送分拣系统

全自动还书传送分拣系统可处理的馆藏类型包括书籍、杂志、盒装光盘、合订本等。馆藏尺寸范围（L×W×H）为最小100毫米×60毫米×6毫米、最大435毫米×330毫米×80毫米，单件馆藏重量可达5千克/件。能够安全高效地处理读者自助还书、书籍多层传送、多点高速分拣，实现机器人无人配套服务。

图书馆自动还书传送分拣系统的重点为图书馆公共服务领域设计。其采用智能机器人和AGV系统，能够尽最大可能减少全流程的人工干预；自诊断式工业系统和部件设计，确保可靠安全地运行（大于99.1%，汽车工业标准）；低噪声输送和分拣系统，确保控制噪声水平在60分贝以下；单独特殊设计的软性输送带，确保对所有馆藏都进行安全、柔性的传输操作；物流领域最紧凑的同水平线移栽机构，确保超薄书籍和小尺寸光盘盒的正确分拣；周全的光电感应系统，确保读者和馆员操作时的人身安全；分拣书箱在可电子锁闭的区域内，确保书籍不会遗失。

图书馆自动还书传送分拣系统的组件，主要包括24小时无人值守智能机器人还书及预约书循环处理系统、室内读者自助还书系统、还书拆分和循环整理系统、提升和垂直输送系统、楼层平面高速分拣系统、AGV自动配套服务系统、系统集成管理控制及监测软件系统。

一、24小时无人值守智能机器人还书及预约书循环处理系统

24小时无人值守智能机器人还书及预约书循环处理系统设备安装于全封闭或者半封闭小型书屋内，为面朝馆外的透明结构，读者通过还书小窗将书籍递入还书口，机器人将自动抓取书籍并按照书籍的流向进行处理。如果是被预约书籍，机器人会自动将书籍放入空格内，系统自动发送预约取书信息给下一个读者，来取预约书的读者刷卡后，机器人将自动抓取书籍并递送到取书（还书）窗口。如果是非预约书籍，

则将被放置到缓冲输送带，进行ID识别后传送到相应的楼层。该设备自带环境调节系统以适应24小时、365天工作。

具体来说，24小时无人值守智能机器人还书及预约书循环处理系统的功能主要包括：机器人礼仪和读者沟通（语音交流功能可选）；触摸屏界面显示实时操作指南，引导读者顺畅操作；通过RFID识别书籍信息；窗口安全性设计；每次实时归还一本书籍；可以配置2～3个还书（取书）窗口，供多个读者同时操作；还书/取书成功后，系统实时办理归还和借阅手续，并提供成功/失败信息给读者参考；系统提供数字信息收据给读者备用；可进行实时监控及系统发生故障时的实时报错。

二、室内读者自助还书系统

室内读者自助还书设备灵活、简易、现代化的室内还书系统，其设计与图书馆大堂的环境完美融合，具有现代工业化设计的金属外观结构，后部接入多书拆分单本及传输方向矫正系统，使还书操作非常人性化，并且适合于残疾人士轮椅倚近操作。

室内读者自助还书系统的功能主要包括：17英寸以上触摸屏界面，可显示实时操作指南，引导读者顺畅操作；读者可将多本书籍放入还书窗口，触摸屏幕确认识别到的书籍，将多本书籍同时传送入后部缓存及拆分矫正系统；系统实时通过 SIP 接口办理归还手续，并完成 EAS 防盗位的复位；合流输送带可将吞入的书籍集中输送至后续多书拆分和矫正系统；系统提供数字信息收据给读者备用；可进行实时监控及系统故障时的实时报错。

三、还书拆分和循环整理系统

还书拆分和循环整理系统特别为 RFID 多本还书系统设置，是介于还书窗口和后续输送 / 分拣系统的中间系统，可以将多本叠加吞入的书籍自动拆分成单本输出，同时配置有输送角度矫正滚筒将书籍方向矫正为与输送带方向平行，并可以配置为多层拆分以节省空间，在后续输送装置有故障时，可以进行缓冲或者直接将书籍输送至后备还书箱。

四、提升和垂直输送系统

提升和垂直输送系统是一种为了将馆藏输送到正确的楼层而特殊设计的输送技术，根据馆舍建筑规划定制，可以将书籍在不同楼层之间进行传递。其采用连续往复式垂直输送机构、透明封闭防护挡板（见图 3-3），不仅能够保障安全，而且可以使读者观看到书籍的流动；在必要节点还配置有维护门以及紧急停止按钮。其传输效率可以达到 1200 册 / 小时。

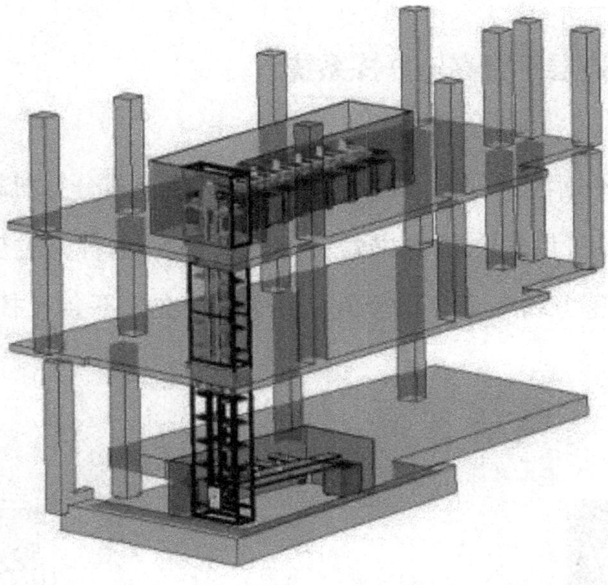

图 3-3 提升和垂直输送系统

提升和垂直输送系统的功能主要包括：垂直提升装置包含多个楼层的连续往复升降机构，可以将书籍在不同楼层间高效、低维护地传递；书籍从合流输送系统被导入提升座，在指定的楼层被导出提升座，进入平面分拣系统；楼层之间的往复输送机构是双向的，可以在不同楼层之间传递书籍到不同楼层的分拣系统；在大堂室内进行还书拆分矫正后，以盘旋式上升的方式将书籍经天花板上的输送带传送到垂直提升位置。此外，根据图书馆大堂的环境，可以将盘旋式上升和天花板输送这两部分的外罩设计成个性化装饰融入环境。

五、楼层平面高速分拣系统

楼层平面高速分拣系统具有 Pop-Up 弹出式分拣机构（见图 3-4），可以将分拣的书籍弹起来，然后左右通过皮带转向，接触压力和摩擦力非常小，快速、精准，不会卡书。

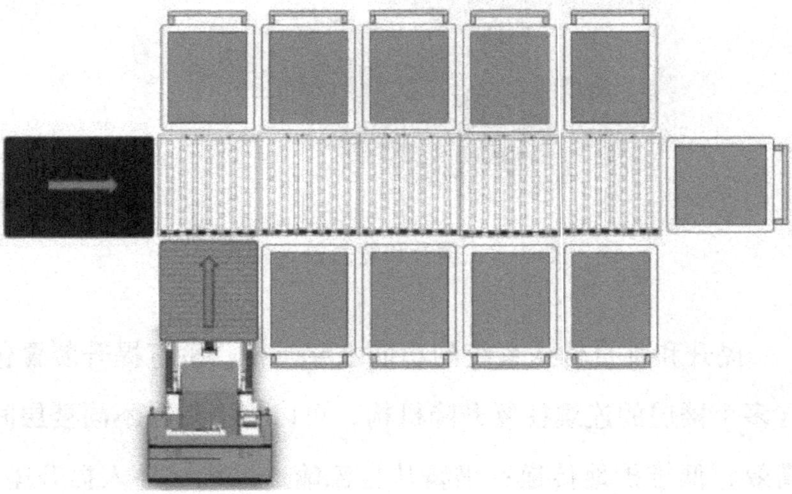

图 3-4　楼层平面高速分拣系统

楼层平面高速分拣系统的功能主要包括：包含 7 类还书分拣系统，可以实现升级多个还书窗口共用同一条分拣系统，并可以模块化扩展至更多类分拣系统，无须替换任何现有硬件设备；分拣机构完全采用马达内置全封闭式驱动滚筒，直角转向速度可达到 17 米 / 秒；配置传感器间速度感应系统，用以测试书籍在还书各阶段的效率；分拣机构的最快效率可达到 35 件 / 分钟、承重能力可达到 30 千克；分拣的书籍运动在一条水平线上，不会产生分拣时的高度差跌落。此外，分拣系统的部分机械结构必须符合 5 毫米防夹规范，即任何运转部件和固定部件之间的最小间隙都要小于 5 毫米，防止人员身体被夹入机器。

同时，楼层平面高速分拣系统一般还配置有以下设施。

（1）电动还书车 A。将分拣后的书籍码放在还书车上，电动提升到平躺位置以方便馆员上架。还书车配置有书脊方向转角系统，以便使左右两侧的书脊都一致朝外。

（2）电动还书车 B。将分拣后的书籍直接弹出到还书车平台上，电动调低平台，以保证书籍在同一水平上进入书箱。当馆员取书时，则电动升高平台，不用馆员弯腰取书。

（3）馆员送书口。方便馆员将收集的错乱书籍统一分拣传递到不同楼层书库，配置在不同楼层的分拣系统一侧，馆员可一次性码放 20 ~ 40 本书，系统自动单本传送进入分拣线，识别到不同楼层的书籍后就由分拣系统反向送入提升座，并输送至指定楼层。

六、AGV 自动配套服务系统

AGV 自动配套服务系统采用智能 AGV 小车对满载的书箱完成自动更换，在场地条件许可的前提下，可以将归还的书籍自动运送至阅览室供工作人员上架。

七、系统集成管理控制及监测软件系统

系统集成管理控制及监测软件系统全面兼容 SIP2.0 和 NCIP 通信协议，可以轻松导出系统运行统计数据，如图 3-5 所示。

在任何一台内网 PC 上，都可以经授权后查看系统运行状态；可以进行整个系统的运行参数设置，自动监测系统故障，并实时通知管理员；可以远程检测和调试各系统组件，并授权馆员控制平台实时监测系统运行状态。

图 3–5　系统集成管理控制及监测示意图

第四章

消错学的理论分析

第一节　消错学的研究对象、内容及理论框架

错误是与客观事实不符，与正确、真理同处于一对矛盾体两个方面中的一面。它构成了人类认识中的一个环节，曾引起多少人的迷惑和疑虑，又从另一方面激发人们去思考问题和探索真理。错误无孔不入，国家、团体、个人都可能产生错误，所有的科学领域也会存在错误，各个历史时期同样会出现错误。一个问题、一件事情、一个决策、一个理论体系等的错误，往往只是其中部分因素甚至是一个因素错误的结果，而这些问题、事情、决策、理论体系等的错误，小的可导致个人遭受损失，大的则可造成团体解体。美国著名咨询公司 RAND 公司认为，世界上倒闭的大中型企业 85% 是

决策错误造成的。因新加坡的交易员里森的决策错误，造成损失 8.6 亿英镑，致使一个具有 200 多年历史的老牌银行即刻倒闭；日本住友银行首席交易商滨中泰男的一个错误，则造成了 40 多亿美元的损失。因此，一切有志的探索者都不能回避错误，应积极地研究它，正确地对待它，并创造条件使错误向正确转化，以便大大减少由于错误给人们带来的损失，这也就是建立消错学的主要原因。

一、消错学的研究对象和内容

消错学研究的对象是错误；研究的内容是错误的发生原因和机制，错误的传递、转化的方法和规律，预测、避免、减少、消除错误的方法和规律。在理论上，消错学既研究一般的错误概念和性质，又研究如何把一个一般的错误抽象为一个对象系统，从而研究系统错误的理论，以及研究如何建立定量化描述错误的方法等。在应用上，消错学既要研究如何把理论方法应用于实际的应用理论、应用方法和应用技术，又要重点研究建立有关领域判别、预测、避免和消除错误的专家系统和专家系统的应用推广等。

二、消错学的理论框架

消错学理论主要包括七大部分：错误的概念、判别错误的规则、错误集理论、错误函数理论、错误系统理论、错误逻辑、应用理论。

（1）错误的概念主要有错误、错误系统、错误集和错误函数等。

（2）判别错误的规则主要包括规则的建立、规则函数、规则的转化及规律、规则的实施和规则之间的关系等。

（3）错误集理论主要包括错误集、经典错误集、模糊错误集和具有临界点的错误集。

（4）错误函数理论主要包括错误函数的建立、错误函数的形式、错误函数的运算和错误的定量化描述。

（5）错误系统理论主要包括错误系统的概念、系统变换与转化、错误系统之间的关系、系统描述和运算及运算规律。

（6）错误逻辑主要包括错误逻辑体系、二值错误逻辑、模糊错误逻辑、具有临界点的错误逻辑、转化逻辑和错误谓词逻辑。

（7）应用理论主要包括错误的描述、错误预测、错误的消除、实际问题的模型化、错误的判断、决策理论和人工智能等。

第二节　消错学的定义与规则

一、消错学的定义

定义一：设 U 是论域、$a \in U$，G 是 U 上的一组规则，若从 G 推不出 a（包括 G 完全、部分或不肯定推不出等），则称 a 在 U 上对于规则 G 是错误的。

定义二：由某些决策、论断、命题、事物等构成的一个集合称为一个问题集，常用 W_i（i=0、1、2…n）来表示。

定义三：对于某个问题集，它的全部条件得出的全部结论对社会所能起的作用的总体称为该问题集的固有功能，而对社会起的某个作用称为它的一个固有功能。

定义四：要实现目的而必需的功能称为目的功能。在研究一个问题集时，有时要弄清它的全部固有功能是困难的，甚至是不可能的。

定义五：由问题集的条件 T（其中 t_1 是限制条件，t_2 是其他条件）、结论 J、固有功能 GY、目的功能 MG 按某种确定的关系 R 构成的系统，称为一个对象系统（在不引起误解时，也简称系统），记作：$X=X[W_i, T(t_1, t_2), J, GY, MG, R]$。

定义六：在对象系统中，若构成它的因素至少有一个是错误的，则称它为一个错误系统。错误系统按错误性质又可分为如图 4-1 所示的各个小类。

- 错误系统
  - 可改错误系统
    - 平凡错误系统
    - 浪费错误系统
    - 假象错误系统
    - 可拓错误系统
    - 冒险错误系统（一部分）
    - 完全错误系统（一部分）
  - 死错误系统
    - 完全错误系统（一部分）
    - 冒险错误系统（一部分）

图 4-1 错误系统构成

一般情况下，若按其他特性分类，也可得出不同的错误系统体系。

二、判别错误规则

对于规则 G 要满足一些什么规律？规则 G_i 与 G_j（$i \neq j$）之间有些什么关系，这些关系之间又有什么规律？建立判别错误的规则应遵循什么原则？如果在规则 G 下得出 a 有错，那么 a 在现实中是否真错呢？对某个问题在不同的规则下，得出完全不同的结论，甚至是互相矛盾的结论，又如何解释呢？这些都是研究判别错误规则需要考虑的问题。

1. 建立原则

（1）理论原则。

科学性。建立判别错误规则必须遵循科学性。例如，作为教师，在批改作业时，所用的判别规则必须是该学科的公理，定理和法则等，而不能以教师对某个学生的印象好坏作为判别学生作业是否错误的规则。

完备性。作为判别某个问题错误的规则在理论上应该对于所研究问题涉及的论域 U 是完备的，否则对于该研究问题的许多问题既可能不能判别，又可能由错误的定义将那些不能判别的问题认为是错误的。这就从根本上失去了判别错误的实际意义，甚至混淆了是非。

实用性和简洁性。若 G_1 和 G_2 作为论域 U 的两组判别规则，它们对于 U 都是科学的、完备的，且内部无矛盾，但用 G_1 来判别 U 中 a 是否有错误时，由于 G_1 的繁杂使其根本无法实施，则 G_1 对于论域 U 是没有实际应用价值的。而若 G_2 是简洁的，则可能 G_2 对于 U 是有实用价值的。

内部无矛盾性。同一作用域内部无矛盾性，可以避免是非不分或将错判为对、将对判为错，在客观上带来极大的负作用，给社会造成坏影响或造成重大损失。当然，若两组规则的作用域不同，那么两组规则之间有时是可以存在互相矛盾的条文的。

（2）实用原则。

科学性。科学性是判断事物是否符合在时间和空间中存在的事物、现象和过程的标准，富有科学依据而不是凭空想象的。以一定的事实为依据，才能使所选课题具有实践基础。巴甫洛夫曾说过，事实是“科学家的空气”，没有事实的理论是虚构的。科学研究就是要研究事实，研究客观实际存在的现象。而以科学思想为指导，才能使所选课题具有理论基础。所选课题不能和已经过实践检验的科学原理相违背，只有这样，才能保证其科学性。

完备性和灵活性。理论上要求判别错误规则 G 对于它的论域 U 是完备的，但由于科学水平的限制或研究问题的目的、精度要求等，G 对于 U 可以是不完备的。例如，假定我们的论域 U 是由全部算术问题所构成的集，而判别我们的具体问题整数的加法是否错误的规则对于论域 U 可以是不完备的，即，判别它是否错误的规则只是整数的加法规则即可。从这里可知，判别某个问题的规则不一定对整个论域完备，而只需要对包含该问题的论域是完备的即可。

最小域原则。建立一组判别某个问题错误与否的规则，只需要建立包含该问题的最小域的完备规则即可。例如解决一个问题，只要用到整数的加法规则即可，若用实数的加法规则、整数的加减法规则、实数的加减法规则，甚至是整个数字领域的规则，它们都能判别该问题，且对于该问题是完备的、科学的、内部无矛盾的，但它们不是简洁的，而是浪费人力、物力、财力、时间的。

可实施性。可实施性是指发明或者实用新型必须能在工业规模上制造或使用。如果一项发明或实用新型仅具有理论意义而不能应用于产业或难以实施，则不具有可实施性，不能取得专利。

简洁性。比如在新闻写作中，一般要求作品要用尽可能少的篇幅、内容、语言概括新闻事件，表现报道内容，做到篇幅简短、内容简练、语言简朴。

内部无矛盾性。出错原因是多种多样的，它既可以是系统中某个因素发生某种错误，也可以是系统中某部分因素发生某种或多种错误，甚至可能是系统中除固有功能外的因素同时发生所有种类的错误。固有功能由于是系统中固有的东西，一般情况下不考虑它发生错误的可能。特别值得提出的是，对于导致条件发生错误的可能因素的研究，以及目的功能与固有功能相矛盾的错误系统的研究，具有特别重要的现实意义和实用意义。

2. 消除错误的步骤

（1）消除错误必须由要解决的问题入手。

（2）在已知问题的基础上，把该问题抽象为一个对象系统。同时，在该问题所界定的论域上建立相应的一组科学的判别规则。

（3）建立错误函数。

（4）计算错误值，若错误值小于零，那么该问题在所建立判别规则下无错误，则该问题结束。

（5）若错误值大于零，就要寻找错误，且要寻根究底，即找出发生错误的根本原因。

（6）变换系统或规则，找出消除错误的方案。

（7）计算消除错误的效益及代价。

（8）进行综合评价，若满意，则得到一组消除错误的方案，并且加以实施直到结束；若不满意，则返回到第三或第四个步骤继续进行，直到方案满意为止。

3. 消除错误的方法

对于对象系统 X，会出现错误的要素有四个：论域 U、系统要素 Y、子系统 S 和判别规则 G。

对于研究的系统，我们不但可以单独对这些要素进行变换，而且可以同时对它们中的若干个进行变换。

（1）变换论域。

（2）变换系统要素。

（3）变换子系统。

（4）调整判别规则。

（5）同时变换论域与要素。

（6）同时变换论域与子系统。

（7）变换论域与调整规则同时进行。

（8）同时变换系统要素与子系统。

（9）变换系统要素与调整规则同时进行。

（10）变换子系统与调整规则同时进行。

（11）同时变换论域、系统要素和子系统。

（12）变换论域、系统要素和调整规则同时进行。

（13）变换论域、子系统和调整判别规则同时进行。

（14）变换系统要素、子系统和调整判别规则同时进行。

（15）变换论域、系统要素、子系统和调整判别规则同时进行。

对每一个要素的变换，一般又可以进行 6 种基本变换。

（1）扩大（相似或等价）变换。

（2）置换变换。

（3）分解变换。

（4）组合变换。

（5）增加变换。

（6）删减（或毁灭）变换。

对于上述的这些基本变换，又可以有 3 种组合方式。

（1）积。

（2）或。

（3）逆。

因此，在消除错误时，可以沿着以上 15 条路径，采取 6 种基本变换（基本变换一般对于不同的范围或不同的要素可以有不同的名称，并且对于不同的用途还可以增减。例如，减少可以用增加的“逆”代替，所有的变换都可以用置换代替，但最好是在所讨论的范围内使用方便，不繁复，而又可以由此生成所有可能的变换）和 3 种组合方式来找出我们所希望的消错方案。这种消除错误的方法，也被称为“15-

6-3 法”。

运用这个“15-6-3 法”，我们可以得到许许多多消除错误的方案。例如，走论域的路径，使用论域的扩大变换与增加变换就可得到一个消除错误的方案——扩大论域；走元素的路径，选取置换与相似变换的“或”，又可得到一个消除错误的方案——对系统元素进行置换或相似变换。

第三节　建立模型

一、问题分析

1. 分析问题所属的时间、空间、学科领域

在一般情况下，判别所考查问题错误的规则要随着所考查问题的时间、空间、学科领域的变动而变动。因此，只有准确地分析所考查问题所属的时间、空间、学科领域，才有可能建立好判别所考查问题错误的规则。

2. 分析研究所考查问题的目的

评论一双雨鞋的好坏，除了要评判它的质量、外观、是

否合脚等指标外，还需考查我们用这双鞋来干什么。如果我们用这双鞋来走有水的路，那么，若这双雨鞋质量好，美观又合脚，则我们说这双鞋是好的，买它是没有错的。但若我们是买这双鞋来走长路，尽管这双雨鞋质量好，美观又合脚，我们也只能说买它是错误的。由此可知，研究所考查问题的目的也是建立判别该问题错误的规则所必需的。

二、模型建立步骤

模型建立步骤，具体如图 4–2 所示。

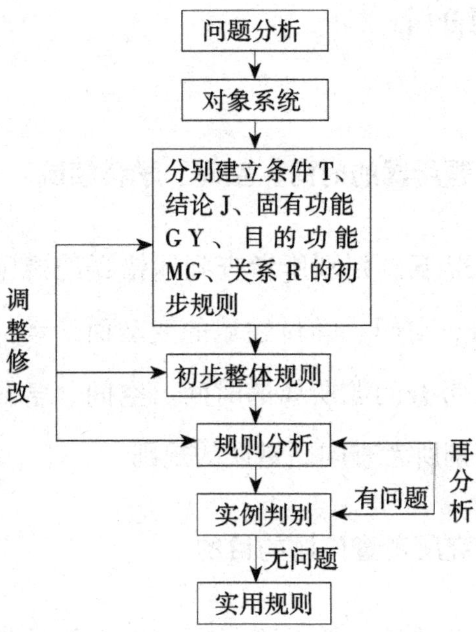

图 4–2　模型建立步骤

三、建立对象系统

对象系统 $X=X[W_i, T(t_1, t_2), J, GY, MG, R]$，其中包含有条件 T、结论 J、固有功能 GY、目的功能 MG 和关系 R，因此，要建立所研究问题的对象系统，必须要分析该问题在对象系统中的问题的条件、问题的结论、问题的固有功能、问题的目的功能、问题的关系，然后建立对象系统。

分析清楚所考查问题的条件 T、结论 J、固有功能 GY、目的功能 MG 和关系 R 后，我们就可以根据对象系统的建立方法建立所考查问题的对象系统了。

四、分别对 T、J、GY、MG、R 建立判别其错误的规则

1. 收集资料

（1）收集所考查问题所属学科领域的公理、定理、法则、命题、准则、公式等。

（2）收集所考查问题所涉及的法律条文、政策条文、道德标准等。

（3）分析所考查问题的环境，包括社会环境、自然环境、经济环境、科技环境，把它们所处的情况写成能判别真假的命题。

（4）分析所考查问题自身所具备的条件。

（5）分析或确定所考查问题的研究目的。

2. 建立判别 T、J、GY、MG、R 错误的初步规则

（1）建立判别条件 T 错误的规则。

（2）建立判别结论 J 错误的规则。

（3）建立判别固有功能 GY 错误的规则。

（4）建立判别目的功能 MG 错误的规则。

（5）建立判别关系 R 错误的规则。

由于所研究的问题千差万别，所以很难建立统一的列出具体条文的模式。但我们对这 5 个方面要分别把它们各自的内容列成具体条文，分析它们所属的时间、空间、学科领域和研究问题的目的，再根据收集到的有关资料建立相应的判别规则条文（命题、公式、函数等）。

五、建立初步总体规则

把分别对条件 T、结论 J、固有功能 GY、目的功能 MG 和关系 R 建立的规则组成一个有机整体。

六、规则分析

总体规则初步建立好以后，我们就要对规则进行以下几个方面的分析。

（1）科学性。

（2）相对完备性。

（3）可实施性。

（4）简洁性。

（5）内部无矛盾性。

（6）最小域性。

在分析中，如果发现该初步总体规则有问题，即不满足上面 6 条中的任意一条或几条，则需要回到 T、J、GY、MG、R 所分别建立的规则和初步总体规则中去，找出问题所在，针对问题进行调查，直到问题得到解决为止。

总体规则在理论上已满足建立判别错误规则所要遵循的 6 条原则，但在解决实际问题时，理论和实践往往有段距离，因此，我们必须把已建立好的理论规则用于实际判别，若发现实际判别与理论不符，则需要再对规则进行分析，直到达到满意为止。这时该组规则就建立完毕，得到了一组指定论域的判别错误规则。

第五章

自助借阅系统的信息错误

随着科技的发展，智能设备与无人设备越来越多地被应用到生活当中。目前 RFID 智能识别技术的应用领域也越来越广泛，涉及物流、仓储、无人超市、图书馆、医药等多种行业。

RFID 是一种智能电子标签，在它的上面可以录入产品信息，可以通过非接触式设备对信息进行采集，大大方便了物品的盘点和管理。

在高校图书馆里，藏书一般都在几十万万册至几百万册，图书的管理工作相当烦琐，在还回来的一大堆图书中要按照内容编码分类，然后找到相应的书架，再把每一本书放回去，这个工作量是非常庞大的，没有耐心的人估计是做不了图书管理员的。

现在 RFID 标签已经广泛应用于高校图书馆、公共图书馆、城市书房、社区图书馆，使得借书和还书也不像原来那么复杂了。现在的图书馆一般都设置有自助借还书机，其外形就像银行 ATM 机，我们可以通过上面自带的软件系统查找需要借阅的图书，然后根据上面的提示输入验证信息，就能方便地借书和还书。

自助借还书机具备借书、还书、查询和续借功能，支持多种类型的读者卡，并支持多本图书同时处理。设备设计严谨，具有防止借阅过程中偷换、抽换书籍或一书登录多书借出的功能，可根据需求显示读者姓名、借阅资料题名与归还日期等相关信息。人机交互界面简单易懂，借还书方便快捷，大大减轻了图书馆工作人员的负担。

第一节 错误的概念

一、关于错误

错误就是不正确，与正确答案及客观事实相反。在现实生活中，不论人们是否认识到它，也不管人们是否承认它，错误都客观地存在着。错误的客观存在说明了错误具有难免性，也就是说任何人都不可避免地要犯错误。对此，古今中外许多思想家、政治家、科学家、文学艺术家都有过精辟的论述。孔子说："人非圣贤，孰能无过？"鲁迅先生则说："若要完全的人，那天下配活的人也就有限。"我国著名数学家华罗庚还说过："天下只有哑巴没有说过错话；天下只有白痴没想错过问题；天下没有数学家没算错过题的。"法国作家雨果也说："尘世上的一切都是免不了错误的。"

当然，错误还是越少越好，越小越好，一旦犯了错误，发现和纠正得越快越好。因为，人类社会遭遇的一系列天灾和人祸，很多都是人类自身的过错行为造成的，如发动侵略战争，如指导思想错误、决策失误，如滥伐森林、破坏植被，如过多地开采矿产资源，如侵占土地、污染环境，等等。但我们决不能因噎废食，生怕犯错误而战战兢兢，不敢越雷池半步。错误既然避免不了，那么，我们就应该把注意力集中在如何使坏事变成好事上，理性地对待错误，做到吃一堑长一智。我们要学习错误，研究错误，改进错误，以便大大减少由于错误给人们带来的损失。

二、关于系统程序错误

系统程序错误是指在软件运行中因为程序本身有错误而造成的功能不正常、死机、数据丢失、非正常中断等现象。

系统程序错误是程序错误的一种，相对于应用程序错误，系统程序错误造成的影响要大得多，有时甚至会使整个系统崩溃或报废。

各种因素造成的错误，其影响到的范围很大，包括系统本身及其支撑软件、网络客户和服务器软件、网络路由器和安全防火墙等。换而言之，在不同的软硬件设备中、同种设备的不同版本中、由不同设备构成的不同系统中，以及同种系统在不同的设置条件下，都会存在各自不同的安全漏洞问题。

第二节　自助借阅系统的磁感错误

图书馆自助借阅系统运用了 RFID 技术，图书上都贴有射频标签，以便于进行图书识别。RFID 技术是一种通信技术，可以通过无线电信号识别特定目标并读写相关数据，而无需识别系统与特定目标之间建立机械或光学接触。常用的有低频、高频、超高频、微波等技术。RFID 读写器也分为移动式的和固定式的。

其运行原理是，无线电信号通过调成无线电频率的电磁场，把数据从附着在物品上的标签传送出去，以自动辨识与追踪该物品。某些标签在识别时从识别器发出的电磁场中就可以得到能量，并不需要电池；也有的标签本身拥有电源，并可以主动发出无线电波（调成无线电频率的电磁场）。标签包含了电子存储的信息，数米之内都可以识别。与条形码不同的是，射频标签不需要处在识别器视线之内，也可以嵌入被追踪物体之内。

例如：将射频标签附着在一辆正在生产中的汽车上，厂方便可以追踪该车在生产线上的进度；将射频标签附着在宠物上，也可以便于对宠物进行积极识别（积极识别的意思是防止数只宠物使用同一个身份）。此外，射频识别的身份识别卡可以使员工得以进入锁住的建筑部分，汽车上的射频应答器也可以用来征收收费路段与停车场的费用。某些射频标签还被附着在衣物、个人财物上，甚至植入人体之内。由于使用这项技术可能会在未经本人许可的情况下读取个人信息，因此也会有侵犯个人隐私之忧。

图书馆自助借阅系统基于RFID技术的应用，通俗来讲就是一本书里面附有一个磁条，上面记录了这本书的所有信息，当你把书往托盘上放的时候，就已经开始自动扫描了。

超高频（频段860～969兆赫）图书电子标签由天线和芯片组成，每张标签都有不同的身份证编码，将标签安装到图书的书脊部分，通过计算机软件将图书的条码号与标签身份证号绑定，就相当于把图书的信息存储在芯片里了。读者借阅或者还书时，借还书机的阅读器向标签发射信号，标签感应到信号，向阅读器传回标签的身份证号、状态码等。传回的信号经过计算机处理，就可得知书本的条码号，再在图书馆的图书管理系统中查询条码号，返回图书的信息以及借阅状态等信息。由于超高频读写器能够同时读取 5 ~ 10 本图书，所以把几本书一起放上去，就都可以显示出书名。

一、自助借阅系统的错误风险

风险是指某一特定危险情况发生的可能性和后果的组合。风险有两种定义，一种定义强调风险表现为不确定性，而另一种定义则强调风险表现为损失的不确定性。

若风险表现为不确定性，则说明风险产生的结果可能带来损失，也可能带来获利，或是无损失也无获利，属于广义上的风险，像金融风险就属于此类。而风险表现为损失的不确定性，则说明风险只能表现出损失，没有从风险中获利的可能性，属于狭义上的风险。

自助借阅系统中的错误风险一般是指引起损失产生的不确定性。风险无时不在、无处不有。自助借阅系统的错误风险就是图书馆借阅系统中，通过磁条扫描时没有正确地确定磁条信息所产生的错误。

1. 自助借阅系统中磁条识读系统的组成

磁条识读系统由扫描系统、信号系统和译码三部分组成，如图 5-1 所示。

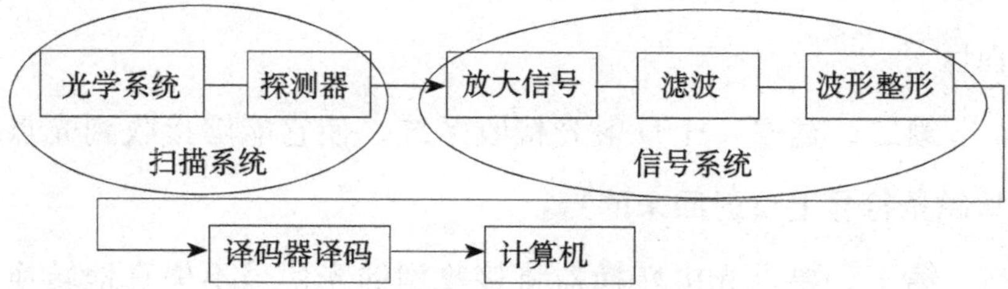

图 5-1　磁条识读系统

扫描系统由光学系统和探测器即光电转换器件组成，它完成对磁条符号的光学扫描，并通过光电探测器将磁条空图案的光信号转换成为电信号。

信号系统由放大信号、滤波和波形整形几个部分组成，它的功能在于将磁条的光电扫描信号处理成为标准电位的矩形波信号，其高低电平的宽度和磁条符号的条空尺寸相对应，这样就可以按高低电平持续的时间计数。

译码部分一般由嵌入式微处理器组成，它的功能就是对磁条的矩形波信号进行译码，其结果通过接口电路输出到磁条应用系统中的数据终端。

磁条符号的识读涉及光学、电子学和微处理器等多种技术。要完成正确识读，必须满足以下几个条件。

第一，建立一个光学系统并产生一个光点，使该光点在人工或自动控制下能沿某一轨迹做直线运动，且通过一个磁条符号的左侧空白区、起始符、数据符、终止符及右侧空白区。

第二，建立一个反射光接收系统，使它能够接收到光点从磁条符号上反射回来的光。

第三，要求光电转换器将接收到的光信号不失真地转换成电信号。

第四，要求电子电路将电信号放大、滤波、整形，并转换成电脉冲信号。

第五，建立某种译码算法，将所获得的电脉冲信号进行分析、处理，从而得到磁条符号所表示的信息。

第六，将所得到的信息转储到指定的地方。

上述前四步一般由扫描器完成，后两步一般由译码器完成。

对于一般的磁条应用系统，在制作磁条符号时，磁条符号的条空反差均是针对 630 纳米附近的红光而言，所以磁条扫描器的扫描光源应该含有较大的红光部分。红外线反射能力在 900 纳米以上，可见光反射能力一般为 630 ~ 670 纳米，紫外线反射能力则为 300 ~ 400 纳米。

一般物品对 630 纳米附近的红光的反射性能和对近红外光的反射性能十分接近，所以有些扫描器会采用近红外光。

扫描器所选用的光源种类很多，主要有半导体光源和激光光源，也有选用白炽灯、闪光灯等光源的。

半导体发光二极管实际上就是一个由 P 型半导体和 N 型半导体组合而成的二极管。当在 P–N 结上施加正向电压时，发光二极管就会发出光来。

激光器可分为气体激光器和固体激光器。气体激光器波长稳定，多用于长度测量，其中氦氖激光器波长为 633 纳米，因此早期的磁条扫描器一般采用氦氖激光器作为扫描光源。但到了 20 世纪 80 年代，随着半导体技术的发展，固体半导体激光器问世，并得到了迅速发展，它具有光功率大、功耗低、体积小、工作电压低、寿命长、可靠性高和价格低廉等特点，这使得原来使用的氦氖激光器迅速被取代。

我们常见的半导体激光器常用于利用光强测量的设备中，体积像一个普通三极管那么大，所以半导体激光器又被称为激光二极管。由于磁条扫描器普遍采用了激光二极管，磁条扫描器的体积和成本大大降低，刚开始时，只能使用发出红外激光的激光二极管，20 世纪 90 年代后才相继出现了红色光激光二极管，这成为近些年来磁条技术发展的重要方面。而磁条的磁感强弱，将会影响扫描的效果。

磁条是一种光学形式的代码，它不是利用简单的计数来识别和译码的，而是需要用特定的方法来识别和译码。

译码包括硬件译码和软件译码。硬件译码通过译码器的硬件逻辑来完成，译码速度快，但灵活性较差。为了简化结构和提高译码速度，现在已经研制了专用的磁条译码芯片，并已经在市场上销售。软件译码通过固化在ROM中的译码程序来完成，灵活性较好，但译码速度较慢。实际上每种译码器的译码都要通过硬件逻辑与软件来共同完成。

译码不论采用何种方法，都包括如下几个过程。

第一，记录脉冲宽度。

译码过程的第一步是测量记录每一脉冲的宽度值，即测量条空宽度。记录脉冲宽度利用计数器完成。

第二，比较分析处理脉冲宽度。

脉冲宽度的比较方法有很多种，比较过程并非简单地求比值，而是经过转换、比较后得到一系列便于存储的二进制数值，把这一系列的数据放入缓冲区以便于下一步的程序判别。

第三，程序判别。

译码过程中的程序判别，是用程序来判定转换、比较所得到的一系列二进制数值，将其译成条码符号所表示的字符，同时完成校验工作。对于一个能译多种码制的译码，判定的方法比较复杂，首先需要判定码制。码制判定必须通过起始符和终止符来实现。因为每一种码制都有选定的起始符和终止符，所以经过扫描所产生的数字脉冲也有其固定的形式。码制判定以后，就可以按照该码制的编码字符集进行判别，并进行字符错误校验和整串信息错误校验，完成译码过程。

对于磁条识读系统来说，衡量其性能的比较重要的指标，主要有首读率、误码率和拒识率。其中，首读率 =（首次读出条形码符号数量 / 识读条形码符号的总数量）×100%；误码率 =（错误识别次数 / 识别总次数）×100%；拒识率 =（不能识别的条形码符号数量 / 条形码符号的总数量）×100%。

2. 自助借阅系统感应侦测

在借阅过程中，自助借阅系统会通过感应系统侦测阅读条形码器，记录读者借阅情况。自助借阅系统感应侦测流程如图 5-2 所示。

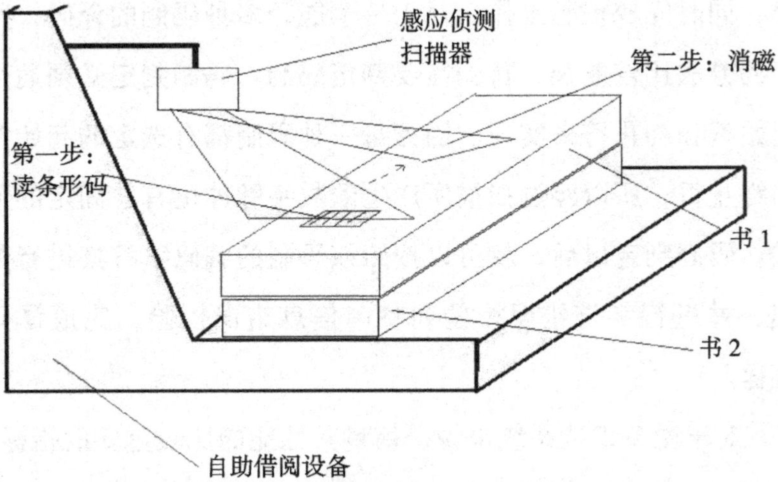

图 5-2　自助借阅系统感应侦测流程

二、自助借阅系统的磁感错误的产生

在磁感应强度为 B 的匀强磁场中，有一个面积为 S 且与磁场方向垂直的平面，磁感应强度 B 与面积 S 的乘积，叫作穿过这个平面的磁通量，简称磁通。其公式为 $\Phi=BS$，适用条件是 B 与 S 平面垂直。当 B 与 S 存在夹角 θ 时，$\Phi=B\times S\times\sin\theta$。

通过某一平面的磁通量的大小，可以用通过这个平面的磁感线的条数的多少来形象地说明。在同一磁场中，磁感线越密的地方，也就是穿过单位面积的磁感线条数越多的地方，磁感应强度 B 越大。因此，B 越大，S 越大，穿过这个面的磁感线条数就越多，磁通量也就越大。

磁通量是一个表示磁场分布情况的物理量。通过磁场中某处的面元 dS 的磁通量 $d\Phi B$ 定义为该处磁感应强度的大小 B 与 dS 在垂直于 B 方向的投影 $dS\cos\theta$ 的乘积，即 $d\Phi B=B\times dS\cos\theta$，式中的 θ 是面元的法线方向 n 与磁感应强度 B 的夹角。磁通量是标量，当 $\theta<90°$ 时为正值，当 $\theta>90°$ 时为负值。通过任意闭合曲面的磁通量 ΦB 等于通过构成它的那些面元的磁通量的代数和，即对于闭合曲面，通常取它的外法线矢量（指向外部空间）为正。

磁场的高斯定理指出，通过任意闭合曲面的磁通量为零，即它表明磁场是无源的，不存在发出或汇聚磁力线的源头或尾闾，亦即不存在孤立的磁单极。以上公式中的 B 既可以是电流产生的磁场，也可以是变化电场产生的磁场，或者是两者之和。

磁通密度是指通过垂直于磁场方向的单位面积的磁通量，它等于该处磁场磁感应强度的大小 B。磁通密度精确地描述了磁力线的疏密。通量概念是描述矢量场性质的必要手段，通量密度则是用来描述矢量场的强弱。磁通量和磁通密度、电通量和电通密度都是如此。

磁通量密度向量的方向定义为从磁南极到磁北极（磁铁里面）。在磁铁外，场线会由北到南。若磁场通过能导电的电线环而磁通量改变的话，会引起电动势的生成，并因此会产生电流（在环中）。

图书馆自助借阅系统中的消磁感应器利用传感器来检测图书中的磁条，当传感器的检测仪的磁通量不能准确地感应图书中的磁条的磁量时，往往就会导致将其所感应到的磁场源进行消磁，当出现不正常的消磁后，监测仪势必就没有办法起到监测作用，从而出现由于消磁系统的错误而使图书被盗的情况。

第六章

借阅系统中借阅信息的消错研究

第一节　消错学理论

消错理论对错误是这样定义的：设 U 是论域、$a \in U$，G 是 U 上的一组规则，若从 G 推不出 a（包括 G 完全、部分或不肯定推不出等），则称 a 在 U 上对于规则 G 是错误的。从这个定义可知，判别或识别系统错误必须要有一个相应的规则体系 G。判别系统错误的规则是且仅是判别一般错误规则体系的内容之一，因此其除了具有判别一般错误规则的所有特性之外，还具有其自身独特的性质。

一、消错理论的研究方法

要定量化描述错误，就要有一套描述错误的数学方法。

郭开仲教授的原创性理论——消错理论就是这样一种定量的方法。它研究的对象是错误；研究的内容是错误的发生原因和机制，错误传递、转化的方法和规律，预测、避免、减少、消除错误的方法和规律。而要描述错误，要研究错误传递、转化的方法和规律或用计算机帮助人们避免和消除错误，则必须采取定性、定量相结合的综合集成方法。在消错理论的研究中，是采用数学方法研究错误的量化，采用逻辑方法研究错误之间转化的关系，利用各学科的研究成果和消错学理论相结合的办法研究各学科领域的错误，即理论与实践相结合，取各家之长为该理论所用，建立一个独具特色的消错学理论体系。

二、消错准备

对错误的消除要进行以下几方面的准备。

1. 分析原因，指出错处

由于发生错误的原因很多，且错误的结构多样，因此，对于我们要讨论的问题，按消错学理论，先把它抽象为对象系统，然后建立判别它错误的规则 G。由此，再从理论上分析所研究问题出错的原因。除理论分析外，我们还可以从实践中去发现错误，即根据相应的实验、试验、试行等去发现错误。

2. 对已找出的信息错误进行分析

信息从外界输入直到方案的输出，经历了判别者利用理论、方法、规则对其进行判别的过程。在这个判别的过程中，决策者对判别对象进行分析，找出错误的原因所在。接下来决策者会根据想要达到的目的对信息去伪存真，并进行调整和反馈。直到形成满意的结果，才会输出最终信息，同时输出决策方案。

3. 遵守消除错误的原则

错误消除的原则有以下几条。

（1）针对性原则。

在减少、避免和消除错误的时候，要具有针对性，即我们要减少、避免和消除哪些错误。对不同地点、不同时间、不同专业领域所发生的错误，因不同的目的，需采用不同的方法。同时，对要减少、避免和消除的错误，要找出真正的错误原因，也就是医学界常说的“治病要治本”。

（2）层次性原则。

由于系统具有层次性，判别规则也具有层次性，这就使消除错误必然具有层次性，即减少、避免或消除错误需一层一层地由低层到高层进行。

（3）反复性原则。

由于事物在不断地变化，所以系统的元素和结构也会不断地变化，且判别它们错误与否的规则同样在不断地变化。所以，消除错误也应不断地进行下去，即错误的减少、避免和消除应不断地、反复地进行。在一般情况下，不可能一劳永逸。

（4）阶段性原则。

在历史长河中，人类对事物的认识是在不断地深化、不断地完善的，因此科学技术才能在不同的历史阶段达到不同的水平。同时，人类在不同的时期、不同的情况下，一般会有不同的目的，因此，也会存在不同的评价标准，即错误具有阶段性，这就使消除错误必然具有阶段性。

（5）代价最小原则。

一般说来，对同一种错误存在着多种消除或避免它的方法。因此，对于我们所研究的对象系统，消除错误的方法一般会有若干个，采用哪个方案好呢？我们认为，应该采用具有最小代价的方案？

三、错误函数的概念

函数是一个集合到另一个集合的一个映射，也可以说是一个集合到另一个集合的一种关系。我们要研究错误的定量化描述，就是要找到对象系统中每一个元素与某一个确定的错误值之间的关系。由于我们希望错误值用实值去刻画，因此必须找出对象系统与实数域的某种确定的关系。又因为对象系统可以抽象为一个对象集，所以，对象集与实数集的某种确定的关系就是我们要讨论的“错误函数”。

1. 错误函数的定义

设 U 是一个对象集，G 是 U 上的一组规则，令 $V=\{(u, G)|u\in U\}$，$f: V\Rightarrow R$，则称 f 为定义在 U 上对于规则 G 的错误函数，简称为 U 上的错误函数，记为 $x=f(G\nRightarrow u)$，简记为 $x=f(u)$。其中，R 为实数域，x 为对象 u 的错误值。

从此定义可以看出，f 是 $V=\{(u, G)|u\in U\}$ 到实数域 R 的一个映射，换句话来说，函数 f 的自变量是两个，一个是对象集 U 中的元素，另一个是判别规则 G，它们一起对应着一个实数，即 $u\in U$ 在规则 G 下的错误值。这里不但 u 可以在 U 上变化，并且 G 也可以随着 U 上所考虑因素的不同

而变化。

2. 错误函数的分类

（1）按 f: $V \Rightarrow R$ 中 f 的值域 $R_{an}(f)$ 的不同来分类。

若 $R_{an}(f)=\{0, 1\}$，则称 f 为 U 上的经典错误函数，显然它是不连续的；

若 $R_{an}(f)=[0, 1]$，则称 f 为 U 上的模糊错误函数；

若 $R_{an}(f)=(-\infty, +\infty)$，则称 f 为 U 上的具有临界点的错误函数；

若 $R_{an}(f)=[0, +\infty)$，则称 f 为 U 上的非负错误函数。

（2）按 f: $V \Rightarrow R$ 中定义域 $Dom(f)$ 的不同来分类。

若 $\mathrm{Dom}(f)=\{(u, R_m) | u \in U\}$，其中 U 为系统的目的功能，G_m 为判别系统目的功能错误的规则，则称 f 为系统目的功能错误函数；

若 $Dom(f)=\{(u, G_{gm}) | u \in U\}$，其中 U 为系统的目的功能和固有功能之间的关系，G_{gm} 为判别系统目的功能能否实现的规则，则称 f 为系统目的功能实现错误函数；

若 $Dom(f)=\{(u, G_h) | u \in U\}$，其中 U 为系统的所有行为，G_h 为判别系统行为错误的规则，则称 f 为系统行为错误函数。

（3）综合以上两种分类方式，可以得到以下 12 种错误函数。

①系统目的功能经典错误函数。

②系统目的功能模糊错误函数。

③系统目的功能具有临界点的错误函数。

④系统目的功能非负错误函数。

⑤系统目的功能实现经典错误函数。

⑥系统目的功能实现模糊错误函数。

⑦系统目的功能实现具有临界点的错误函数。

⑧系统目的功能实现非负错误函数。

⑨系统行为经典错误函数。

⑩系统行为模糊错误函数。

⑪系统行为具有临界点的错误函数。

⑫系统行为非负错误函数。

3. 错误系统模型的表示

根据错误系统的四大组成部分，建立错误系统模型如下。

$$C\left(\left(Z\left(n\right),\ MG,\ G\right),\ x^{u}\right)$$

其中，$Z(n)$ 是指由 n 个相互关联的部分 $e(1)$、…、$e(i)$、…、$e(n)$ 构成的系统，其用一般系统结构模型可表示如下。

$$Z(n)\begin{cases}\psi_1(S(t), R(t), R_{z1}(t))=0\\ \psi_2(S(t), R_{zl}(t), S_z(t))=0\\ \psi_3(S(t), R_{zl}(\mathrm{t}), H_z(t))=0\end{cases}$$

上式中 $S(t)$ 表示系统环境 $E(S)$ 在 t 时刻的状态，$R(t)$ 表示在 t 时刻环境 $E(S)$ 对系统 $Z(n)$ 的作用，$R_{zl}(t)$ 表示系统 Z（n）在 t 时刻在某一层次 l 上的结构，$S_z(t)$ 和 $H_z(t)$ 分别表示系统在 t 时刻的系统状态和系统行为。为了在一般系统结构模型里体现系统的固有功能以便于系统错误的识别或判别，本书将系统的固有功能函数加入上面的系统模型中，表示如下。

$$Z(n)\begin{cases}\psi_1(S(t), R(t), R_{zl}(t))=0 & (1)\\ \psi_2(S(t), R_{zl}(t), S_z(t))=0 & (2)\\ \psi_3(S(t), R_{zl}(t), H_z(t))=0 & (3)\\ H_z(t)=\psi_4(S(t), R(t)) & (4)\end{cases}$$

由于系统的固有功能函数是由模型中的（1）式和（3）式变形得到的，所以在上述模型的四个方程里只有三个是相互独立的。

MG 指人们对系统 $Z(n)$ 所提出的目的功能，在错误系统模型中就指系统的目的功能函数：$H_z'(\mathrm{t})=\Psi_4'(S'(t), R'(t))$，式中 $S'(t)$、$R'(t)$、$H_z'(t)$ 分别表示在 t 时刻人

们假定的系统环境 $E(S)$ 的状态、系统环境 $E(S)$ 对系统 $Z(n)$ 的作用和人们所期望的系统行为。

G 指判别系统错误的规则，要求具有科学性、合理性和可操作性。一般情况下，它是一个集合，并且包含了用于判别系统目的功能错误的规则、用于判别系统能否实现目的功能的规则和用于判别系统行为错误的规则共三个子集，即 $G=\{G_m, G_{gm}, G_h\}$。其中，子集 G_m 又可进一步分为判别系统目的功能中系统输入错误的规则、判别系统目的功能中系统效率错误的规则和判别系统目的功能中系统输出错误的规则三个子集，即 $G_m=\{G_{mr}, G_{mx}, G_{mc}\}$。

x^u 表示的是对象系统的错误值。为了表征错误的来源，本书在 $C((Z(n), MG, G), x^u)$ 式中使用了向量的形式。当然，根据实际需要，错误函数也可以使用和式型，即把各个分量综合为一个错误值。例如，多个系统进行比较时，为了选出整体上较优的系统，就需要采用和式型的错误函数。错误值 x^u 是由相应的错误函数计算得来，具体如下。

$$x^u=f(G,Z(n),MG)=\left\{\begin{array}{l}\left.\begin{array}{r}x_{mr}=f_{11}(G_{mr}\nRightarrow MG)\\ x^u=f_1(G_m\nRightarrow MG)=x_{mx}=f_{12}(G_{mx}\nRightarrow MG)\\ x_{mc}=f_{13}(G_{mc}\nRightarrow MG)\end{array}\right\}\\ x_{gm}=f_2(Gg_m\nRightarrow(MG\subseteq GY))\\ \\ x_h=f_3(G_h\nRightarrow H_z(t))\end{array}\right\}$$

其中，各错误函数的具体形式应依据错误函数应能如实反映判别对象违背判别规则的程度的总原则，根据具体情况灵活构建。

4. 判别规则与判别对象之间的关系

如果要讨论判别错误规则本身的错误，我们又得引入一组规则，而对引入的规则存在有无错误的问题，又需引入另一组规则，如此循环下去，永远也不会讨论完，或永远得不到一个肯定的结论，就失去了讨论错误的实际意义。为了解决这个问题，我们建立了一个公理，如满足该公理的规则，那么我们就认为是“无错误的”。

该公理可表述为：对于在论域 U 上的一组规则 G_1，如果由已被科学证明为正确的命题以及由经过正确的逻辑推理得到的命题和经过社会实践检验为正确的命题组成的一组原始

规则 G_0 能够判别它为无错误的，那么 G_1 就可以作为现实用于论域 U 内的一组无错误规则。

这里的原始规则 G_0 从宏观上可以分为以下几类。

（1）自然科学领域的 G_0 是自然规律。

（2）社会科学领域的 G_0 是社会规律。

（3）社会活动领域的 G_0 是有效的法律、政策、协议、合同、规范、规章、道德规范等。

（4）政治领域的 G_0 是领导人的经验、智慧、知识、意志等。

（5）宗教领域的 G_0 是教义、教规等。

（6）其他领域的 G_0 应依据该领域的规律与规范等。

另一方面，在微观上，原始规则 G_0 的制定可依据研究者的需要或者某种规则去限定一个特定的范围，特定范围的“无错误规则”应以它属于的宏观类别的 G_0 作为依据。

5. 判别错误规则的等价性

定义：设 G_1 和 G_2 是两组规则，若由 G_1 可以推出 G_2 且由 G_2 也可以推出 G_1，则称 G_1 和 G_2 等价，记为 $G_1 \sim G_2$。

命题：设 G_1 和 G_2 是两组规则，若 $G_1 \sim G_2$，则 $G_2 \sim G_1$；若 $G_1 \sim G_2$、$G_2 \sim \mathrm{G}_3$，则 $G_1 \sim G_3$。

6. 判别错误规则的相关性

（1）规则包含。

定义：设 G_1 和 G_2 是两组规则，若由 G_1 可以推出 G_2，则称 G_1 包含 G_2，记为 $G_1 \supset G_2$ 或 $G_2 \subset G_1$。这时也称 G_2 是 G_1 的子规则。

命题一：判别错误规则的包含关系具有传递性，即若 $G_1 \subset G_2$、$G_2 \subset G_3$，则 $G_1 \subset G_3$。

命题二：若 $G_1 \subset G_2$，且 $G_2 \supset G_1$，则 G_1 与 G_2 等价。

证明：由以上定义可知，若 $G_1 \supset G_2$，则 $G_1 \Rightarrow G_2$；同理，若 $G_2 \supset G_1$，则 $G_2 \Rightarrow G_1$，由以上定义可知 $G_1 \sim G_2$。

（2）判别错误规则的相关性。

定义：设 G_1 和 G_2 是任意判别规则，若存在 $g_1 \neq \Phi$、$g_2 \neq \Phi$、$g_1 \subset G_1$、$g_2 \subset G_2$ 时有 $g_1 \sim g_2$ 成立，则称 G_1 和 G_2 相关，记为 $G_1 \mathrm{X} G_2$，否则称 G_1 和 G_2 独立，记为 $G_1 \mathrm{D} G_2$。

命题一：相关具有对称性，即 $G_1 \mathrm{X} G_2 = G_2 \mathrm{X} G_1$。

命题二：独立具有对称性，即 $G_1 \mathrm{D} G_2 = G_2 \mathrm{D} G_1$。

命题三：相关一般不具有传递性，即若 $G_1 \mathrm{X} G_2$ 且 $G_2 \mathrm{X} G_3$，不能推出 $G_1 \mathrm{X} G_3$。

证明：令 $G_1 = \{a_1, a_2, a_3\}$，$G_2 = \{a_1, a_4, a_5\}$，$G_3 = \{a_5, a_6, a_7\}$，其中 a_1、a_2、a_3、a_4、a_5、a_6、a_7 两两相互独

立，则有：G_1XG_2 且 G_2XG_3，而 G_1XG_3 显然不成立。

命题四：独立一般也不具有传递性，即若 G_1DG_2 且 G_2DG_3，不能推出 G_1DG_3。

命题五：等价是相关的特例。

证明：若 $G_1 \sim G_2$ 且 $g_1 \subset G_1$、$g_2 \subset G_2$，则有 $g_1 \sim g_2$，所以 G_1XG_2 成立。

（3）研究规则相关的实际背景。

在现实社会中，当鉴定一个科研项目的成果时，人们往往是组成一个鉴定委员会，即采用多个专家集体鉴定的方法来提高鉴定结论的可靠性、无错性。诚然，这是提高鉴定结论可靠性和无错性的一种方法，但并不能保证鉴定结论的可靠性和无错性，原因在于，我们把参加鉴定的每个专家看成一个判别错误的规则，有几个专家，即存在几个判别规则。假定结论 a 对于 g_i 是无错误的，但 g_i 却是一组错误的子规则，且 $g_i \subset G_i$（i=1，2，…，n），此时结论 a 就不能保证它可靠和无误。从上述可知，若 $G_1XG_2XG_3 \cdots XG_n$，我们用这 n 个判别错误的规则同时去判别某个问题，得出 a 对于这 n 个规则都是无误的，但 a 无误的结论还是不可靠。因此，我们要研究规则的相关性。

第二节　借阅系统中的借阅信息消错步骤

在图书馆借阅系统的运作过程中，首先是对所借图书的条形码进行扫描，读取该图书的信息，并确认该图书可以被借阅及将其信息记录到借阅人的信息栏下，其次是将所要借阅的图书通过扫描侦测器，为之进行消磁。消磁的目的是使图书馆出借的图书能够通过馆门口的防盗报警系统，如果图书没有被消磁的话，设置于图书馆门口的防盗报警系统将会感应图书中的磁条而发出警报，以此来防止图书被盗。目前的自助借阅系统扫描侦测器存在一定的错读及错误消磁问题，而一旦图书被错误消磁，读者就可以拿着图书避过门禁的警报系统。

一、借阅系统中的借阅信息错误分析

图书馆借阅系统的借阅信息错误，主要集中在自动借阅系统的扫描和消磁阶段。

1. 条形码识读错误分析

条形码识读系统由扫描系统、信号整形和译码三部分组成。如果借阅者存心要骗过自动借阅系统的扫描侦测器的扫描，往往就会将两本或以上的图书叠放在一起扫描，由于条形码属于平面印刷，所以它不可能具有发出或自动接收磁场的能力，而自动借阅系统的扫描侦测器只能扫描最上面一本图书的资料信息，无法穿透下面的书本，因此收录的出借信息就可能仅仅是最上面的一本图书。

2. 消磁错误分析

为了降低图书丢失率，提高馆员的工作效率和借阅者的纪律性，图书馆一般都会使用图书监测仪（门禁）。图书监测仪又称图书报警仪、防盗仪，它与常人所知道的财会部门的防盗报警仪工作机理完全不同。财会的防盗仪是利用红外激光探头的辐射原理，在深夜接通电源后，只要有“闯入者”，它就会因有身影晃动而触发报警。而图书监测仪则不然，它是采用固定安装监测支架，利用监测线圈探测检测介质，实现自动报警。该类仪器技术较为成熟，成本较低廉，更主要的是由于该设置在出入口明显位置处的监测支架具有强烈的心理震慑作用，使得绝大部分图谋不轨之徒望而生畏。

从外形上来看，图书监测仪一般是由两个嵌有线卷的木框片隔 70 公分平行竖立而形成的门。图书监测仪的外观可以制作得较为美观，但配套的检测介质体积较大，通常是用细漆包线绕制，再将其封装在较硬的装饰物中，俗称硬标签；监测仪的工作频率大致为 27 ~ 30 兆赫。其工作原理大致如图 6–1 所示。

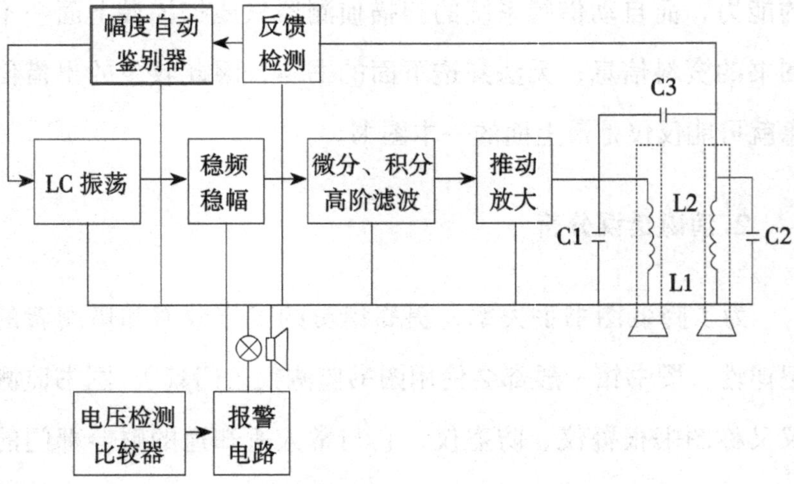

图 6–1　图书监测仪工作原理

图书监测仪根据振荡信号衰减的幅度，再经过电压比较器判断在有效覆盖的监测区内是否有夹带着硬标签的物体通过。若电压低于设定值，电压比较器就会进行判断输出信号，报警电路工作，发出声光报警。

也就是说，当读者空身走过时，它是寂然无声的；而当读者在身上夹带没有被消磁的图书馆藏书走过时，它所连接的主机的蜂鸣器就会鸣叫起来，让你当场出丑。

这里的秘密就在馆藏图书里所夹藏的磁条上，当磁条与木框门内缠绕的线圈上的电磁场感应触发电子报警系统，就会发出鸣叫。如图书内不嵌磁条，该防盗门就毫无作用。

图书馆借阅系统一般使用的是复合磁条，它的最大优点就是可以反复充磁、消磁。将复合磁条嵌入书内，然后在读者还书后，将书脊在充磁仪上摩擦一下，仪器的电磁就会充到书内的磁条上，读者如夹带馆藏书经过防盗门，监测仪就会发出鸣叫。而借书时，管理员同样把图书在消磁仪上一放，书内磁条上的磁性就会消失。充磁仪和消磁仪其实是一模一样的，因为它们都既能充磁又能消磁，只是放在还书处做充磁用，放在借书处做消磁用罢了。

应用复合磁条借还书的具体工作流程，如图 6–2 所示。

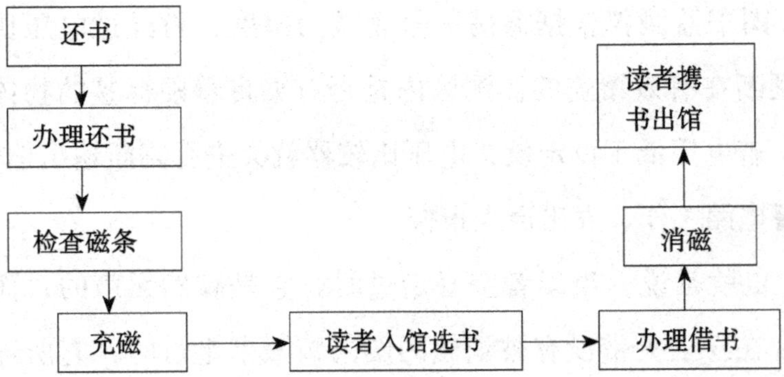

图 6-1　应用复合磁条借还书的具体工作流程

由于消磁是属于感应的接收消除，而在消磁过程没有任何的信息记录格式，所以在消磁过程中，不管是多少本图书都可以不被记录和识别，如此一来，如果读者在借阅过程中，人为地将没有登记的图书进行消磁，将不会被记录，而被消磁的图书就可以直接通过图书监测仪（门禁）被带出图书馆。

综上所述，当借阅者将两本或以上的图书叠放在一起让自动借阅系统的扫描侦测器扫描后，由于扫描侦测器只能扫描最上面一本图书的资料信息，所以提供的出借信息只有上面一本图书，但是，自动借阅系统的扫描侦测器会同时将两本书或以上的图书中的磁条进行消磁，而被消磁的图书则可以通过设置于图书馆门口的防盗警报系统，如此必将导致图书馆的图书遗失。

所以，只有有效地将自动借阅系统的扫描侦测器所出现的扫描和消磁不一致的错误进行消除，方能防止图书被盗。

二、借阅系统中借阅信息消错模型的建立

1. 分析自助借阅系统，建立对象系统的消错模型

为了使图书馆自助借阅系统中的每一个步骤流程都可以正确操作，不出现错误，需要实现条形码扫描读取、消磁及通过图书馆监测仪检测三步一致性，并将其定义为 $Z(n)$，即由 n 个相互关联的部分条形码扫描读取 $e(1)$、消磁 $e(2)$ 和图书馆监测仪 $e(3)$ 三个部分构成的系统。同时，我们将图书馆自助借阅系统所要具备的开放性和自助性条件定义为自助借阅系统目的功能 MG；将自助借阅系统运行过程中有关准确率、快捷性等判别系统错误的规则定义为 G，并要求其具有科学性、合理性和可操作性；将自助借阅系统中的感应错误值或表征错误的数值定义为 x^u。因此，图书馆自助借阅系统中借阅信息消错模型的对象系统为 $C((Z(n), NG, G), x^u)$。

2. 建立模型对象系统

根据错误系统的四大组成部分，建立错误系统模型如下：$C((Z(3), NG, G), x^u)$。

$Z(3)$ 是指由 3 个相互关联的部分 $e(1)$、$e(2)$、$e(3)$ 构成的系统。

MG 是指对系统 $Z(3)$ 所提出的目的功能，在错误系统模型中即指系统的目的功能函数。

G 是指判别系统错误的规则，要求具有科学性、合理性和可操作性。一般情况下，它是一个集合，并且包含了用于判别系统目的功能错误的规则 G_m、用于判别系统能否实现目的功能的规则 G_{gm} 和用于判别系统行为错误的规则 G_h 等子集。其中，子集 G_m 又可进一步分为判别系统目的功能中系统输入错误的规则、判别系统目的功能中系统效率错误的规则和判别系统目的功能中系统输出错误的规则。

x^u 表示的是对象系统的错误值，为了表征错误的来源。当然，根据实际需要，错误函数也可以使用和式型，即把各个分量综合为一个错误值。

三、消错的具体步骤

1. 建立判断规则

（1）图书馆自助借阅系统组成 Z（3）。

$$Z(3)=\{z_1(z_{12},\ z_{13}),\ z_2(z_{21},\ z_{23}),\ z_3(z_{31},\ z_{32}),\ z_{123}\}$$

z_1 表示图书馆自助借阅系统中的条形码扫描读取部分；

z_2 表示图书馆自助借阅系统中的消磁部分；

z_3 表示图书馆自助借阅系统中的监测仪部分；

z_{12} 表示图书条形码扫描与消磁的信息对应性；

z_{13} 表示图书条形码扫描与通过监测仪的对应性；

z_{21} 表示图书消磁与条形码扫描的信息反馈性；

z_{23} 表示图书消磁与监测仪的信息对应性；

z_{31} 表示监测仪与条形码扫描的信息反馈性；

z_{32} 表示监测仪与消磁的信息反馈性；

z_{123} 表示图书条形码扫描、消磁与监测仪检测的一致性。

（2）目的功能系统 MG。

$$MG=\{mg_1, mg_2, mg_3, mg_4, mg_5\}$$

mg_1 为信息资源合理配置系统；

mg_2 为信息资源高效利用系统；

mg_3 为用户主人感意识增强系统；

mg_4 为社会公共效益功能系统；

mg_5 为自助借阅准确功能系统。

（3）判别系统错误的规则 G。

$$G=\{G_{12}, G_{23}, G_{13}\}$$

G_{12} 表示每次扫描一次条形码时，系统仅仅对一本图书进行消磁；

G_{23} 表示每次消磁后，图书都可以直接通过；

G_{13} 表示扫描条形码而没有消磁，则不能通过。

（4）对象系统值 x^u。

确定图书馆自助借阅系统的错误逻辑变量。

$A(u(t), x(t))=A((U, S(t), T(t), L(t), x(t)=f(u(t)), G(t)))$

$$x(t) \in \begin{cases} x_1^u=15 \\ 19 \leqslant x_2^u \leqslant 21, G(t) \\ x_3^u > 21 \end{cases}$$

将上式设为定义在 U 上判别错误的规则，则可得出以下结果。

$A(u(t), x(t))=A((U, S(t), T(t), L(t), x(t)=f(u(t)), G(t)))$

$$x(t) \in \begin{cases} x_1^u=15 \\ 19 \leqslant x_2^u \leqslant 21 \\ x_3^u > 21 \end{cases}$$

其中，自助借阅系统的磁条磁通量值分别用 x_1^u、x_2^u、x_3^u 表示。

$$x^u=\{x_1^u, x_2^u, x_3^u\}$$

$$x^u=\begin{cases} x_1^u=15 \\ 19 \leqslant x_2^u \leqslant 21 \\ x_3^u > 21 \end{cases}$$

2. 自助借阅系统错误分析及其消除

（1）自助借阅错误结论分析。

由上面根据消错学理论所建立的错误判断规则可知，当图书馆自助借阅系统组成 $Z(3)$ 的三个部分任何一个出现错误，必然会导致自助借阅系统的错误。目的功能系统 MG 作为自助借阅系统的判别效果；判别系统错误的规则 G 是自助借阅系统的错误判断标准，并由此辨别错误；对象系统值 x^u 则作为判别错误的参数，以此定量化判别错误。

错误产生的原因，主要在于自助借阅系统每次只能扫描一本图书的条形码，当读者将两本（或以上）图书一起通过消磁系统时，则会出现系统不能识别而直接消磁的情况，而图书消磁后，就可以通过监测仪部分。所以，为了避免这种情况发生，必须消除消磁系统的消磁错误问题。

（2）自助借阅系统的错误消除。

由于每一本图书中都有磁条，而且一般一本书中只有一个磁条，那么两本书以上就有两个以上的磁条。消磁系统采用磁场变化的方式（磁通量）来检测并进行消除，为了修正每扫描一次只能对一个磁条消磁的问题，必须重新构建新的消磁检测方式和消磁标准。

定义一：错误逻辑增加转化联结词。

增加，顾名思义，即在图书馆自助借阅系统错误的对象系统中，把各要素中不完善、不齐备、不充分的要素补充齐全、增加完备或者把多余的对自助借阅系统具有消极作用的因素删除掉，从而使该系统更加稳健。

设 $A((U, D(t), \overline{p}, T(t), L(t)), x(t)=f((u(t), \overline{p}), G(t)))$，判别错误的规则 $G(t)$ 为定义在 U 上，对于判别规则 $G(t)$ 的错误逻辑变量，若有 $T(A((U, S(t), \overline{p}, T(t), L(t)), x(t)=f((u(t), \overline{p}), G(t)))=\{A((U, S(t), \overline{p}, T(t), L(t)), x(t)=f((u(t), \overline{p}), G(t))), A_1((U_1, S_1(t), \overline{p}_1, T_1(t), L_1(t)), x_1(t)=f_1((u_1(t), \overline{p}_1), G_1(t))), A_2((U_2, S_2(t), \overline{p}_2, T_2(t), L_2(t)), x_2(t)=f_2((u_2(t), \overline{p}_2), G_2(t))), \cdots, A_n((U_n, S_n(t), \overline{p}_n, T_n(t), L_n(t)), x_n(t)=f_n((u_n(t), \overline{p}_n), G_n(t)))\}$，则称 T 是在 U 上，对于规则 $G(t)$ 和 $A((U, S(t), \overline{p}, T(t), L(t)), x(t)=f((u(t), \overline{p}), G(t)))$ 的增加转化联结词，记为 T_{lj}。

定义二：错误逻辑置换转化联结词。

设 $A_i((U_i(t), S_{im}(t), \overline{p}_{im}, T_{im}(t), L_{im}(t)), xi(t)=fi((ui(t), \overline{p}_{im}), G_{iA}(t)))$，$i=1, 2, \cdots, m$ 为定义在 U 上，对于判别规则 $G_A(t)$ 的错误逻辑变量，有 $T_z(A_i((U_i$

(t)，$S_{im}(t)$，$\bar{p}_{im}$，$T_{im}(t)$，$L_{im}(t)$，$x_i(t)=f_i((u_i(t)$，$\bar{p}_{im})$，$G_{iA}(t))))=B_i((V_i(t)$，$S_{iv}(t)$，$\bar{p}_{iv}$，$T_{iv}(t)$，$L_{iv}(t))$，$y_i(t)=g_i(v_i(t$，$\bar{p}_{iv})$，$G_{iB}(t)))$，$i=1$，2，…，n，则称 T_z 是在 $U(t)$ 上，对于规则 $G_A(t)$ 和 $A_i((U_i(t)$，$S_{im}(t)$，$\bar{p}_{im}$，$T_{im}(t)$，$L_{im}(t))$，$x_i(t)=f_i((u_i(t)$，$\bar{p}_{im})$，$G_{iA}(t)))$，$i=1$，2，…，m 的置换转化联结词。这里，即是用 $B_i((V_i(t)$，$S_{iv}(t)$，$\bar{p}_{iv}$，$T_{iv}(t)$，$L_{iv}(t))$，$y_i(t)=g_i(v_i(t$，$\bar{p}_{iv})$，$G_{iB}(t)))$，$i=1$，2，…，n 去置换 $A_i((U_i(t)$，$S_{im}(t)$，$\bar{p}_{im}$，$T_{im}(t)$，$L_{im}(t))$，$x_i(t)=f_i((u_i(t)$，$\bar{p}_{im})$，$G_{iA}(t)))$，$i=1$，2，…，m。

定义三：错误逻辑相似转化联结词。

设 $A((U$，$S(t)$，$\bar{p}$，$T(t)$，$L(t))$，$x(t)=f((u(t)$，$\bar{p})$，$G(t)))$，判别错误的规则 $G(t)$ 为定义在 U 上，对于判别规则 $G(t)$ 的错误逻辑变量，若有 $T_h^{-l}(A((X$，X，X，X，$X)$，$=f((X$，$X)$，$X)))=A((U$，$S(t)$，$\bar{p}$，$T(t)$，$L(t))$，$x(t)=f((u(t)$，$\bar{p})$，$G(t)))$，其中 X 表示 Φ 或者相应位置上的元素，则称 T_h^{-l} 是在 U 上，对于规则 $G(t)$ 和 $A((U$，$S(t)$，$\bar{p}$，$T(t)$，$L(t))$，$x(t)=f((u(t)$，$\bar{p})$，$G(t)))$ 的相似转化联结词。

定义四：错误逻辑毁灭转化联结词。

设 $A((U$，$S(t)$，$\bar{p}$，$T(t)$，$L(t))$，$x(t)=f((u$

$(t), \overline{p}), G(t)))$，判别错误的规则 $G(t)$ 为定义在 U 上，对于判别规则 $G(t)$ 的错误逻辑变量，若有 $T_h(A((U, S(t), \overline{p}, T(t), L(t)), x(t)=f((u(t), \overline{p}), G(t))))=A(((\Phi, \Phi, \Phi, \Phi), \Phi), \Phi=(\Phi, \Phi))$，则称 T_h 是在 U 上，对于规则 $G(t)$ 和 $A((U, S(t), \overline{p}, T(t), L(t)), x(t)=f((u(t), \overline{p}), G(t)))$ 的毁灭转化联结词。

定义五：错误逻辑分解转化联结词。

设 $A((U, S(t), \overline{p}, \mathrm{T}(t), L(t)), x(t)=f((u(t), \overline{p}), G(t)))$，判别错误的规则 $G(t)$ 为定义在 U 上，对于判别规则 $G(t)$ 的错误逻辑变量，若有 $T(A((U, S(t), \overline{p}, T(t), L(t)), x(t)=f((u(t), \overline{p}), G(t))))=\{A_1((U_1, S_1(t), \overline{p}_1, T_1(t), L_1(t)), x_1(t)=f_1((u_1(t), \overline{p}_1), G_1(t))), A_2((U_2, \mathrm{S}_2(t), \overline{p}_2, T_2(t), L_2(t)), x_2(t)=f_2((u_2(t), \overline{p}_2), G_2(t))), \cdots, A_n((U_n, S_n(t), \overline{p}_n, T_n(t), L_n(t)), x_n(t)=f_n((u_n(t), \overline{p}_n), G_n(t)))\}$，这里 $u_1(t) h u_2(t) h \cdots h u_n=u(t)$，则称 T 是在 U 上，对于规则 $G(t)$ 和 $A((U, S(t), \overline{p}, T(t), L(t)), x(t)=f((u(t), \overline{p}), G(t)))$ 的分解转化联结词，记为 T_f。

对错误进行消除及转化的运算，$C((Z(n), MG, G)$，

x^u），其对象系统取值如下。

$$x^u=\begin{cases}x_1^u=15\\19\leqslant x_2^u\leqslant 21\\x_3^u>21\end{cases}$$

将自助借阅系统中的消磁部分 z_2 设置为高灵敏的传感消磁系统来检测，如设定一本书的磁通量为 15，两本书的为 21，当磁通量大于 19 时就为两本书。

当 $z_1=1$（表示图书馆自助借阅系统中的条形码扫描读取一次），而 $z_2=1$（表示消磁系统对一个磁条进行消磁），且对象系统取值 $x^u=15$（磁通量值），此时图书则会顺利通过图书馆自助借阅系统中的监测仪 z_3。

$z_{12}=1$ 表示图书条形码扫描与消磁的信息对应；

$z_{13}=1$ 表示图书条形码扫描与通过监测仪的信息对应；

$z_{21}=1$ 表示图书消磁与条形码扫描的信息反馈一致；

$z_{23}=1$ 表示图书消磁与监测仪的信息对应；

$z_{31}=1$ 表示监测仪与条形码扫描的信息反馈一致；

$z_{32}=1$ 表示监测仪与消磁的信息反馈一致；

z_{123} 表示图书条形码扫描、消磁与监测仪检测的一致性。

当 $z_1=1$（表示图书馆自助借阅系统中的条形码扫描读取一次），而 $z_2\geqslant 2$（消磁系统对两个以上磁条进行消磁），且对象系统取值 $x^u\geqslant 19$（磁通量值），此时则表明系统发生错误，但是图书依然可以顺利通过图书馆自助借阅系统中的监测仪 z_3。

$z_{12} \neq 1$ 表示图书条形码扫描与消磁的信息不对应；

$z_{13} \neq 1$ 表示图书条形码扫描与通过监测仪的信息不对应；

$z_{21} \neq 1$ 表示图书消磁与条形码扫描的信息反馈不一致；

z_{23}=1 表示图书消磁与监测仪的信息依然对应，因为只有消磁之后的图书才能通过监测仪；

$z_{31} \neq 1$ 表示监测仪与条形码扫描的信息反馈不一致；

$z_{32} \neq 1$ 表示监测仪与消磁的信息反馈依然一致，这样必然导致图书被盗。

根据消错学理论得出，当 z_1=1 而 $z_2 \geqslant 2$ 时，系统出现错误，此时，必须将图书馆自助借阅系统所出现的错误进行消除。而主要的错误出现在 z_2，这时可将消磁系统感应磁通量感应和消磁进行变换，使得消磁系统感应磁通量感应和消磁不一致，当每次只扫描一次条形码时，则消磁系统的消磁量不超过 18 的磁通量，即 $x^u \leqslant 18$。当磁通量 $x^u \leqslant 18$ 时，就只能满足一本图书的消磁量，从而避免多本图书被一起消磁，使错误得以消除。

而没有被消磁的图书，当被读者携带试图通过监测仪（图书馆门禁）时，由于消磁信息与监测仪的检测不一致，则监测仪必然会进行反馈发出警报，这样就能使图书不致被盗。

第三节　小结

本章首先对消错理论进行了阐述，指出错误是客观存在的，也是在事物发展过程中必然存在的，关键是在错误存在的情况下如何将错误消除。首先我们运用消错学的思路对出错的问题进行分析，然后根据实际情况划分出图书馆自助借阅系统组成、目的功能系统、判别系统错误的规则和对象系统值等，并运用消错理论将有关的错误消除，实现图书馆自助借阅系统中条形码扫描、消磁与监测仪检测的一致性，使得图书馆自助借阅系统操作无错误。

结 语

图书馆自助借阅系统是现代图书馆新型的运作方式，为读者提供了便利，提高了社会效益和图书的流转，也是馆方降低成本的有效途径。但是在利用图书馆自助借阅系统这种新型的服务设备过程中，由于其不完善性，出现了一些错误。本书从消错理论这一新兴的学科领域出发，探讨了通过运用消错理论消除其在运行过程中出现的错误，从而实现图书馆自助借阅系统的效益最大化。

第一，基于消错理论，本书对图书馆自助借阅系统组成的每一部分都进行了分析，并着重分析了自助借阅系统中条形码扫描和图书消磁部分所出现的错误，以及在这一流程式的运行系统中，各个环节之间可能出现错误的具体情况。同时又分别对自助借阅系统三个流程中的具体因素进行合理的界定，通过这种方法，基本分析了图书馆自助借阅系统中可能产生的方方面面的问题。

第二，利用消错理论，建立了图书馆自助借阅系统的对象系统及其错误系统，并建立了判别该系统错误的规则，特别是根据借阅系统中的消磁磁感（磁通量）确定系统值，从而给整个系统的消错提供了一个定量的分析标准。

第三，建立了图书馆自助借阅系统的对象系统的错误集、错误函数，提供了如何定量判断错误的方法和依据。

第四，运用消错理论对图书馆自助借阅系统中出现的错误进行消错，确保系统的正确运行。

将消错理论应用到一个设置运行的错误消除中，是一项大胆的尝试，还需要更深入细致的研究，从而使得图书馆自助借阅系统中可能出现的错误可以完全消除，准确无误地运行。对于其他设备系统在出现问题时应用消错理论进行消错的研究，也将是以后工作需要努力的方向。

参考文献

[1] 肖焕忠 . 两种自助借还管理系统的应用比较 [J]. 图书馆杂志，2007（4）：39-41.

[2] 武森，高学东，巴斯蒂安 . 数据仓库与数据挖掘 [M]. 北京：冶金工业出版社，2003.

[3] 曹少华 . 自助借还书机初探 [DB/OL].[2007-05-26]. http：//research.Dib.tku.Edu.Tw/epaper/19/0105.doe.

[4] 张英 . 从“再造工程”谈图书馆组织机构变革 [J]. 四川图书馆学报，2001（2）：25-27.

[5] 张明东 . 新形势下编目工作的改革与创新：北京大学图书馆编目机构调整与管理改革 [J]. 大学图书馆学报，2001（5）：48-52.

[6] Ogburn J L.Organizing acquisitions：The Yale University experience[J].Library Acquisitions：Practice and Theory，1992（16）：267–372.

[7] 李玲 . 矩阵结构在美国大学图书馆的应用实例探析——以美国西东大学图书馆为例 [J]. 图书情报工作，2007（2）：132–134.

[8] Bazirjian R.After assessment：Application of the results of an acquisitions team survey[J].Library Collection，Acquisitions&Technical Services，2001（25）：371–387.

[9] Boissonnas C M.Drawinism technical services：National selection in an evolving information delivery environment[J]. Library Acquisitions：Practice and Theory，1995，19（1）：21–32.

[10] 许竹萍，韩颖 . 图书馆自助服务探讨 [J]. 中华医学图书情报杂志，2006（2）：40–43.

[11] 钱红 . 自助借还书系统的“功”与“过”[J]. 图书馆建设，2008（5）：75–80.

[12] Kopp J. Library consortia and information technology：The past，the present，the promise[J].Information Technology and Libraries，1998，17（1）：7–12.

[13] Sehneider T M.Aeademic library and regional library

systems: How do they stand today[J].The Journal of Academic Librarianship, 2002（5）: 141–146.

[14] Sarah Ann Long.Systems, Quo Vadis? An examination of the history, current status, and future role of regional library systems[J].Advaneesin Librarianship, 1995（19）: 117–158.

[15] 文英.图书馆自助服务研究[J].江西图书馆学刊，2006（2）：55–57.

[16] 何绍华，曾文武.射频识别技术在图书档案馆中的应用研究[J].情报杂志，2007（2）：36–37.

[17] Schneider T M.The regional campus library and service to the public[J].The Journal of Academic Librarianship, 2001（3）: 122–127.

[18] Berry J N.Dawn in Delta County[J].Library Journal, 2002（1）: 52–55.

[19] Jane Cho.An evaluation plan for Korean university libraries to revitalize academic resource–sharing[J].The Journal of Academic Librarianship, 2007（7）: 1–4.

[20] 张勤.中美图书馆联盟比较研究[J].图书馆理论与实践，2005（2）：5–7+33.

[21] 宋立平，辛儒.国内外信息资源共享模式探讨及

对我国信息资源整体建设的启示 [J]. 现代情报，2006（1）：56–58.

［22］张忠秋 . 近十五年来国内外图书馆信息资源共享比较与对策研究述评 [J]. 图书馆学研究，2005（11）：87–91.

［23］欧阳少春 . 图书馆集团及资源共享的三种基本模式 [C]// 胡越主编，图书馆区域合作与资源共享 . 北京：北京图书馆出版社，2004：14–20.

［24］林嘉 . 欧美及我国图书馆联盟的建设与发展 [J]. 图书情报知识，2003（2）：75–77.

［25］辛苗 . 无线射频识别技术及其在图书馆的应用现状 [J]. 现代情报，2007（1）：161–163.

［26］李贻军 .RFID 技术及 RFID 标签浅析 [J]. 印刷技术，2006（9）：41–43.

［27］王颖 . 高校图书馆自助式借还模式构想 [J]. 科技创新导报，2007（2）：249.

［28］金泽龙 . 论图书馆自助服务的利与弊 [J]. 图书馆建设，2005（2）：69–71.

［29］周妤 . 高校图书馆用户自助服务研究 [J]. 图书馆论坛，2006（6）：193–195.

［30］郭启刚 . 图书馆自助借阅服务模式研究 [J]. 图书馆建设，2007（1）：66–68.

［31］洪文梅 . 试论图书馆的自助服务 [J]. 江西图书馆学刊，2006（2）：51–52.

［32］徐丽田 . 关于图书馆自助服务的探讨 [J]. 农业图书情报学刊，2008（10）：200–202.

［33］张培锋 . 图书馆自助服务模式之我见 [J]. 图书情报工作，2005（10）：60–62.

［34］叶宏武 . 浅谈自助式借还书系统 [J]. 浙江纺织服装职业技术学院学报，2006（6）：61–63.

［35］郭开仲，张式强 . 消错学引论 [M]. 广州：华南理工大学出版社，1995.

［36］刘志海，曾庆良，朱由锋 . 条形码技术与程序设计 [M]. 北京：清华大学出版社，2009.

［37］石勇 . 磁通量定义的解读 [J]. 数理化学习，2008（4）：36–37.

［38］李春贵 . 大学物理 [M]. 北京：中国水利水电出版社，2009.

［39］郭开仲 . 错误逻辑 [M]. 北京：科学出版社，2008.

［40］尹宁 . 图书馆应如何正确选用磁条 [J]. 图书馆，2003（2）：85–87.

［41］靳月庆. 复合磁条在高校图书馆开放式借阅中的应用方案 [J]. 内蒙古科技与经济，2008（1）：137–139.

[42] 于敏，杜雪红．磁条型物品防盗系统 [J]. 测控技术，1999，18（12）：41.

[43] 刘赜宇．图书馆数字化安防的应用 [J]. 福建图书馆理论与实践，2008（4）：52–54.

[44] 李晓，陈军．图书监测仪的原理与应用 [J]. 无损检测，2002（11）：484–487.